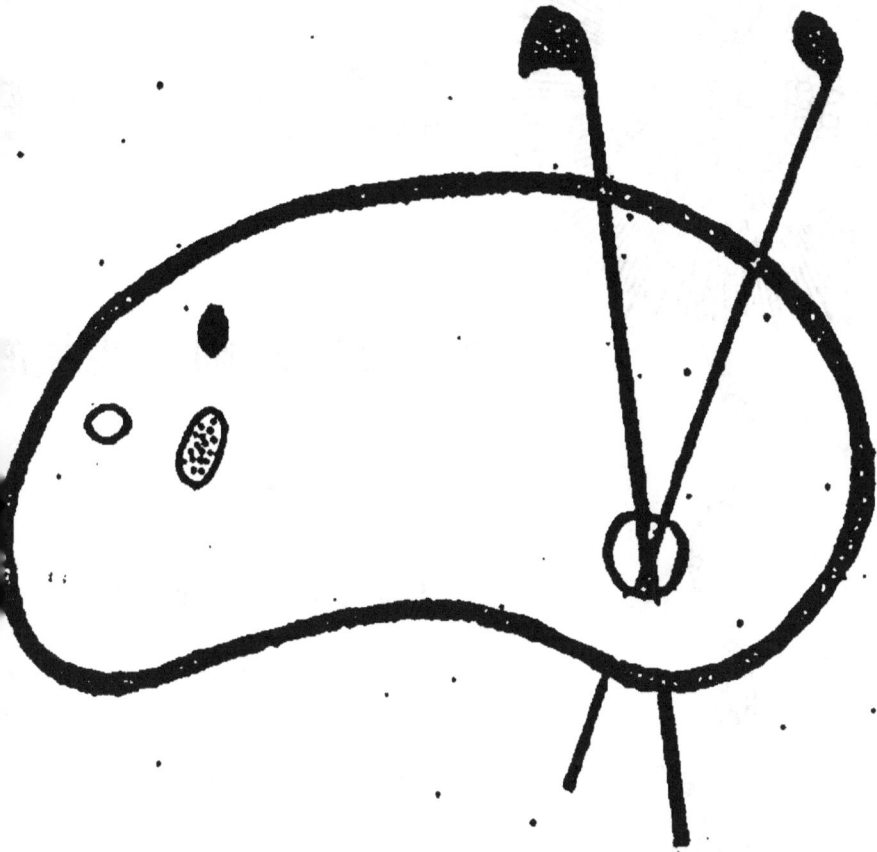

DEBUT D'UNE SERIE DE DOCUMENTS
EN COULEUR

BIBLIOTHÈQUE THÉOSOPHIQUE

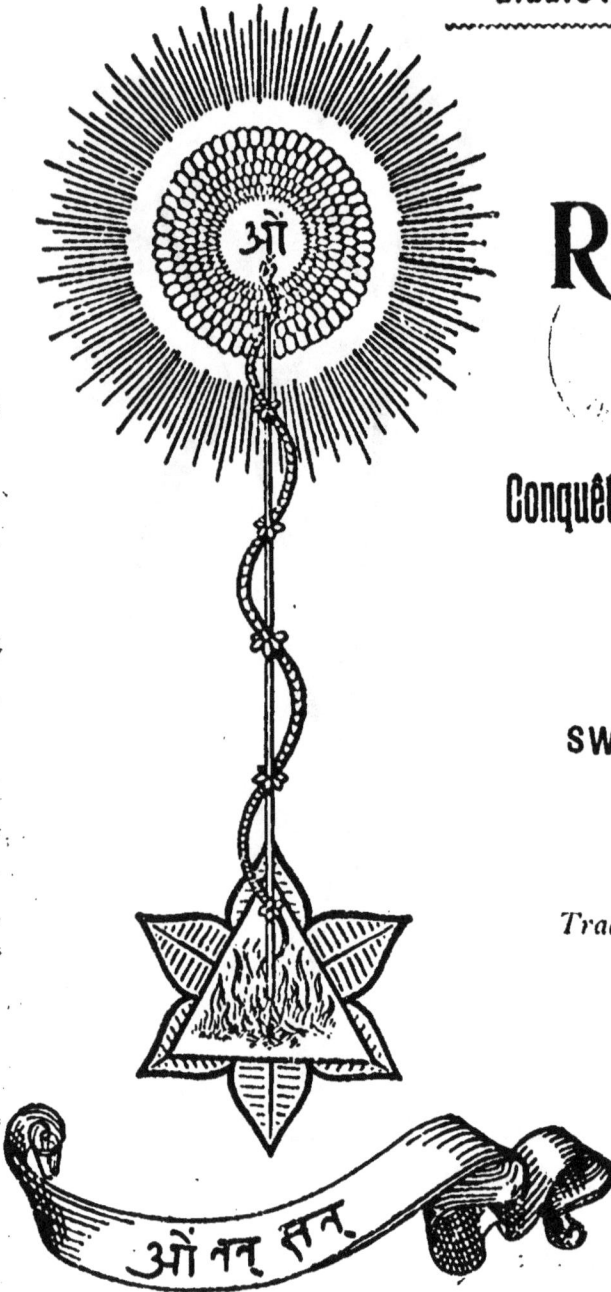

Râja-Yoga

ou

Conquête de la nature Intérieure

PAR LE

SWÂMI VIVEKÂNANDA

Traduit de l'anglais par S. W.

PARIS

PUBLICATIONS THÉOSOPHIQUES

10, RUE SAINT-LAZARE, 10

1910

TOURS, IMPRIMERIE E. ARRAULT ET Cⁱᵉ

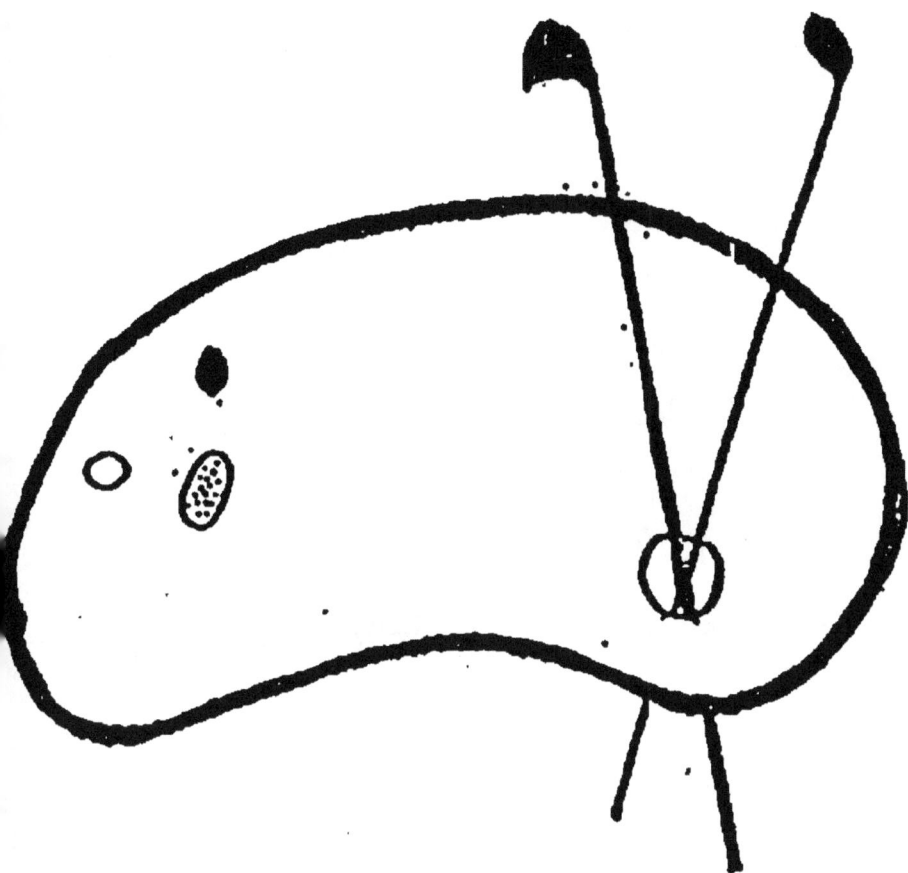

FIN D'UNE SERIE DE DOCUMENTS
EN COULEUR

RÂJA YOGA

(ou Conquête de la Nature Intérieure)

La « Bibliothèque théosophique » se compose d'ouvrages imprimés par les soins du *Comité de Publications théosophiques*, dont le siège est à Paris, 59, avenue de La Bourdonnais.

BIBLIOTHÈQUE THÉOSOPHIQUE

RÂJA YOGA

(ou Conquête de la Nature intérieure)

Conférences faites en 1895-1896 à New-York

par le

SWÂMI VIVEKÂNANDA

Traduit de l'anglais par S. W.

PARIS

PUBLICATIONS THÉOSOPHIQUES

10, RUE SAINT-LAZARE, 10

1910

AVANT-PROPOS

PAR

LE PROFESSEUR

PATRICK GEDDES

.... — ...

À ce Parlement des religions qui fut l'événe-
ment le plus original et le plus instructif, peut-
être, de l'exposition de Chicago, en 1892, nul ne
souleva de plus vif intérêt que le Swâmî Vive-
kânanda, lorsqu'il fit l'exposé de la philosophie
hindoue appelée « Vedanta ». Disciple de Rama-
krishna lui-même, c'était le plus remarquable
des moralistes hindous contemporains.

Rarement jusque-là, cette antique philosophie
avait été présentée au monde occidental : jamais,
à coup sûr, avec autant d'éloquence et de puissance réfléchie, jointes à une si généreuse et ju-
vénile ardeur.

La parole du Swâmi fut écoutée par une foule beaucoup plus grande qu'on n'aurait pu s'y attendre tout d'abord. Car la vie intense et le succès économique, que Roosevelt et Carnegie représentent le mieux, nous font trop souvent oublier l'idéalisme, la discipline morale et même le renoncement à l'ambition, traits essentiels du caractère américain depuis que débarquèrent dans la Nouvelle-Angleterre les Puritains exilés.

Franklin et Emerson n'ont fait qu'ériger en doctrine ce que pratiqua plus d'une famille américaine.

Le Swâmi passa quelques années en Amérique au grand détriment de sa santé, que son retour trop tardif aux Indes ne put malheureusement rétablir. Mais on publia une grande partie de son enseignement et ce que l'on va lire peut en être considéré comme l'introduction.

Le lecteur sera tout d'abord, peut-être, tenté de sourire de ces exercices physiques très simples et de l'importance éducatrice qu'on y attache. Mais ne sont-ils pas tout au moins l'origine de cette « hygiène cérébrale » à laquelle les penseurs européens, les médecins et les éducateurs ont rêvé, sans jamais réussir à la déterminer expérimentalement, moins encore à l'organiser et à l'appliquer? Voici, au contraire, des méthodes

consacrées par l'expérience des siècles, passées
dans les usages d'une race, et que l'on retrouve
dès sa plus haute antiquité, à l'origine de sa cul-
ture. Car c'est bien ainsi que la mère hindoue
forme ses enfants et le sage ses disciples.

Par là, nous nous initions à l'enseignement
oriental, comme l'Orient, moins tardif, s'est
éveillé à ce qu'il pouvait apprendre chez nous.

La génération passée, a, chaque jour davantage, essayé de ce mode suggestif qu'est l'art
japonais : mais c'est aujourd'hui seulement que
nous commençons à comprendre et à imiter cette
éducation merveilleuse des muscles, qui donne
à l'athlète comme à l'artisan japonais ces pro-
diges de force et d'habileté. Ne saurons-nous
pas acquérir par ces pratiques de l'éducation et
de la vie hindoues, un reflet de la discipline pas-
sive qui les complète, tout en exerçant et en
développant à la fois notre respiration et notre
circulation, notre cerveau et notre pensée ?

En Occident, en France surtout, on a fait
récemment de grand progrès dans l'étude de la
cérébralité anormale : l'Orient, avec son antique
passé de vie contemplative et sereine, n'a-t-il
pas encore quelque chose à nous apprendre ?
N'a-t-il pas, à sa façon subjective, plus forte-
ment conquis cette puissance de pensée, de

sentiment et de volonté latente sous ce que nous avons coutume de considérer comme notre vie normale, mais qui nous apparaît, dans nos heures d'irradiation, comme une sorte de demi-veille, de demi-sommeil ?

De tous les stimulants que connaît notre Occident, le plus puissant est cet oxygène qui nous baigne. Ainsi, dit le Râja Yoga, nous avons autour de nous l'élément primordial de cette plénitude de vie, de cette « abondance de vie » à laquelle nous aspirons littéralement. De même que le plein air a rénové l'art, de même, non seulement le médecin, mais l'orateur, le chanteur, comprennent de plus en plus que l'air pur et la respiration bien conduite ne sont pas uniquement des conditions de santé physique, mais constituent des éléments de vie plus intense. Quand nous en arrivons là, la Science cède le pas à la Philosophie, la Nature à la Poésie; bien plus : l'Art redevient Culte et la Synthèse Religion.

De la simple respiration à son idéalisation la plus haute, du souffle à l'Esprit, de la parole au Verbe, de la vue ordinaire la plus simple à la vision artistique et poétique, philosophique et mystique, le Râja Yoga tente de rouvrir pour nous la route fermée de l'évolution.

Que tel âge, telle foi, représentent cette vision

par la colombe ou la croix; que le lotus ou le
cercle plaisent à d'autres temps, ou qu'il nous con-
vienne d'en donner un nouveau symbole, cela
dépend des individus, de leur milieu, de leurs
traditions; mais en ce siècle qui a vu naître la
synthèse, c'est beaucoup que de réconcilier des
sujets aussi divers que la physiologie et les religions comparées de l'Occident, la simple hygiène
et le subtil mysticisme de l'Orient.

Tels sont quelques-uns des points par lesquels
cet antique procédé d'auto-éducation touche à la
fois à la physiologie et à la médecine, à la psychologie et à l'éducation européennes, toutes choses
si neuves et si incomplètes encore, bien qu'en
constant progrès.

A mesure qu'il avancera dans la lecture de ce
livre, le lecteur découvrira combien le Râja Yoga
peut lui suggérer de pensées et l'aider dans la
vie; combien il peut développer sa personnalité
et son savoir ; nous n'allons pourtant pas, bien
entendu, jusqu'à dire qu'elle le conduira à la perfection dans ces deux ordres d'idées.

Mais il est sans nul doute un service immédiat
que rendront les enseignements du Râja Yoga, à
savoir : l'émancipation raisonnée de l'athlétisme,
tout-puissant de nos jours dans les écoles d'Eu-
rope, qu'elles soient suédoises, prussiennes ou

anglaises, et qui, à l'instar de l'athlétisme des gladiateurs romains, se préocupe trop exclusivement du développement de la force musculaire, trop peu de celui des qualités intellectuelles et morales. Nous ne demandons pas que l'on abandonne les exercices physiques en faveur d'un régime exclusif de passivité et de contemplation qui présenterait des dangers contraires; mais nous croyons fermement qu'il est nécessaire, sinon urgent, de ramener notre éducation occitale à la conception des anciens Grecs, dont elle est l'enfant dégénéré, ou bien de l'élever au niveau de l'éducation japonaise. Car, bien que par des chemins opposés, c'est le même idéal que poursuivent l'actif Japonais, le Grec de l'antiquité, l'Hindou calme et serein : « A quelle hauteur solitaire, mon corps devenu parfait, élevera-t-il mon âme? »

L'âme de chacun contient la divinité en puissance.

Le but à atteindre est de faire apparaître cette divinité qui est en nous, en dominant notre nature extérieure et intérieure.

Atteignez-le, ou par le travail, ou par l'adoration, par la domination psychique, par la philosophie; par une seule, par plusieurs ou par toutes ces méthodes, — et soyez libre. C'est là toute la religion.

Les doctrines, les dogmes, les rituels, les livres, les temples, les formes, ne sont que des détails secondaires.

PRÉFACE

Depuis l'aube de l'histoire, il est question
de phénomènes variés et extraordinaires qui
ont eu des hommes pour témoins.

Il ne manque pas de gens, à notre époque,
pour affirmer la réalité de pareils événements, et cela au sein d'une société qui se
développe et que la science moderne inonde
de clarté. L'on ne peut ajouter foi à la grande
masse de ces témoignages ; ils nous viennent en effet d'ignorants, de superstitieux ou
de trompeurs. Dans biens des cas, les soi-
disant miracles sont de simples imitations.
Imitations de quoi ? Un esprit scientifique
et sincère ne rejette rien sans s'être livré

d'abord à un examen consciencieux. De superficiels savants, incapables d'expliquer ces phénomènes remarquables et variés, affectent d'ignorer leur existence. Ils sont en cela plus coupables que ceux qui croient à la présence au-dessus des nuages, d'un ou de plusieurs êtres répondant à leurs prières ; plus coupables que ceux qui comptent sur leurs suppliques pour décider ces êtres à modifier la marche de l'univers. Ces derniers ont l'excuse de l'ignorance ou l'excuse, au moins, d'un mauvais système d'éducation première, qui leur enseigne à demander secours aux êtres en question ; cette dépendance est partie intégrante de leur nature dégénérée. Les savants, eux, n'ont même pas cette excuse.

Depuis des milliers d'années l'on a examiné, étudié, généralisé ces phénomènes.

Les facultés religieuses de l'homme ont été analysées et la science de Râja Yoga est le résultat tangible de ces recherches. Contrairement à quelques impardonnables savants modernes, Râja Yoga ne nie pas l'exis-

tence de faits très difficiles à expliquer ;
d'autre part, il dit aux superstitieux, en
termes doux mais fermes, que la superstition, croyante en un ou plusieurs êtres
d'au delà les nuages, n'explique en rien les
miracles, l'efficacité des prières, le pouvoir
de la foi, toutes choses véritables en fait. Il
dit aux hommes que chacun d'eux n'est
qu'un canal par où passe l'océan infini de
savoir et de puissance en réserve. Il enseigne
que l'homme a des désirs et des besoins,
qu'il a aussi le pouvoir d'y suffire ; que
lorsqu'un désir, un besoin, une prière ont
été exaucés, à quelque moment, quelqu'endroit que ce soit, c'est de cette réserve
infinie qu'en est venue la satisfaction, et non
pas de quelque être surnaturel. La croyance
aux êtres surnaturels peut, dans une certaine mesure, accroître l'action chez l'homme,
mais elle engendre aussi la déchéance
morale. La dépendance, la peur, la superstition l'accompagnent ; elle dégénère en une
misérable croyance à la faiblesse de l'homme.

Il n'est pas, dit le Yogî, de manifestations surnaturelles ; il en est de grossières et de subtiles, dans la nature. Celles-ci sont les causes, celles-là les effets. Il est aisé, grâce aux sens, de percevoir les manifestations grossières, mais non point les subtiles ; or, pratiquer Râja Yoga met à notre portée les plus subtiles d'entre elles.

Tous les systèmes orthodoxes de la philosophie hindoue n'ont en vue qu'un seul but : libérer l'âme par la perfection. On y parvient par la méthode de Yoga. Ce nom embrasse un très vaste enseignement ; mais l'école de *Sânkhya* et l'école Vedantiste tendent toutes deux au Yoga sous une forme ou sous une autre.

Le sujet de ce volume est précisément la forme ou variété de Yoga connue sous le nom de Râja Yoga. Les aphorismes de Patanjali (1) constituent l'autorité la plus haute

(1) Ce volume ne contient que la première partie de *Râja Yoga* tel qu'il fut publié en anglais, et non les *Aphorismes de Patanjali* dont il est parlé plus loin. — Note du Traducteur.

dont elle se réclame ainsi que son livre saint.
Les autres philosophies, bien qu'en désac-
cord, parfois, sur quelques points, se rattas-
chent, en général, à la méthode de pratiquer
de *Patanjali*.

La première partie de ce livre rassemble
un certain nombre de conférences faites par
l'auteur à New-York.

La seconde traduit assez librement et
commente les aphorismes (*Sutras*) de *Patanjali;* on s'est efforcé d'éviter les expressions
techniques et de conserver l'allure libre et
facile de la conversation. L'élève désireux de
pratiquer trouvera dans la première partie
un certain nombre d'indications ; mais, à peu
d'exceptions près, l'enseignement direct d'un
maître est indispensable si l'on ne veut pas
faire fausse route ; on ne manquera pas d'en
trouver un, si ces causeries parviennent à
faire naître le désir d'en savoir plus long.

Le système de *Patanjali* est basé sur celui
des *Sânkhyas* et en diffère peu. Il s'en écarte
en deux points principaux :

1º *Patanjali* admet un Dieu personnel, qui serait un premier maître, tandis que le seul Dieu admis par les *Sânkhyas* est un être presque parfait, temporairement chargé d'un cycle.

2º Les Yogis soutiennent que l'intelligence pénètre toutes choses avec l'âme ou « *Purusha* » (1), et les *Sânkhyas* ne le croient pas.

L'AUTEUR.

(1) Dans tous les mots sanscrits l'*u* se prononce *ou*.
N. D. T.

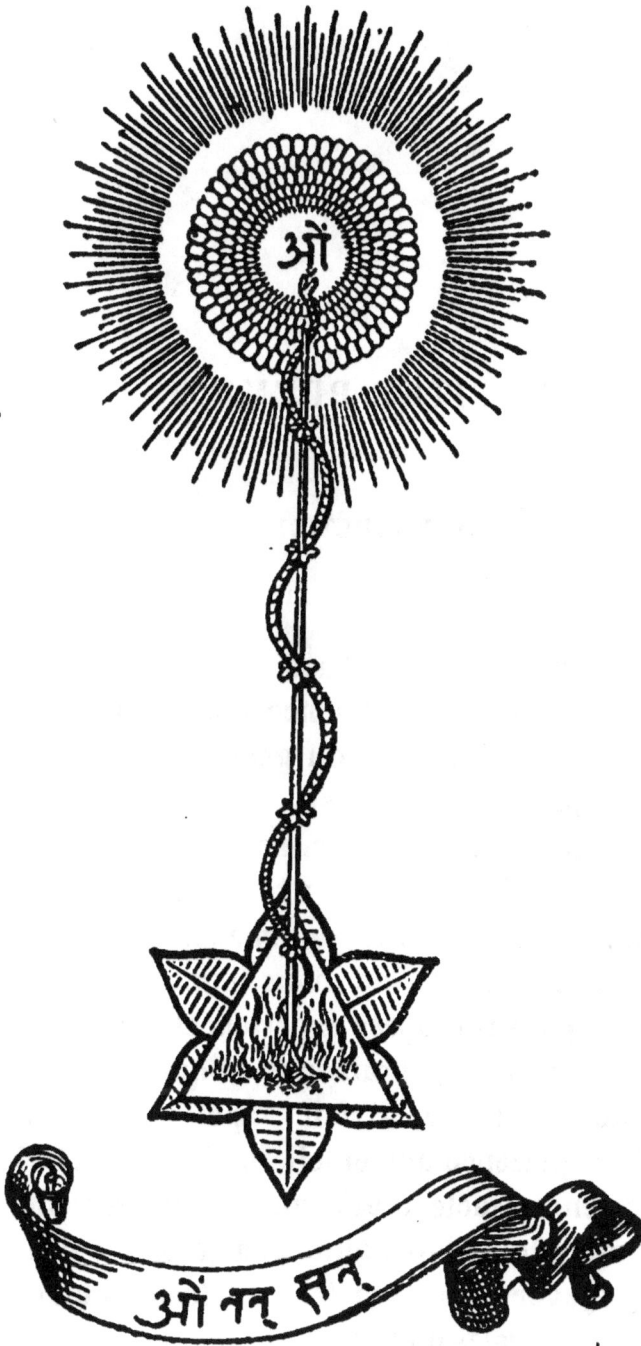

ओं तत् सत्

CHAPITRE PREMIER

INTRODUCTION

Tout notre savoir est basé sur l'expérience.
Ce que nous appelons science déductive, dans
laquelle nous raisonnons du général au particulier, a l'expérience pour base.

Les sciences dites exactes, nous rendent facile
l'accès de la vérité parce qu'elles font appel à
l'expérience personnelle de chacun de nous.
L'homme de science ne nous impose aucune
croyance; par ses propres expériences il acquiert
certains résultats qu'il raisonne, et quand il nous
demande d'y croire, il fait appel en quelque
sorte à l'expérience universelle de l'humanité. A
toute science exacte il est une base universelle,
commune à toute l'humanité ; en sorte que nous
pouvons juger aussitôt si les conclusions qu'on
en tire sont vraies ou fausses.

1

La religion s'appuie-t-elle ou non sur de pareilles bases? Telle est la question qui se pose. Il m'y faudra répondre à la fois par oui et par non.

La religion, telle qu'on l'enseigne généralement dans le monde entier, passe pour être basée sur la foi et sur la croyance; dans la majorité des cas elle ne consiste qu'en différents ensembles de théories; voilà pourquoi nous voyons les différentes religions être en conflit les unes avec les autres. Ces théories sont à leur tour basées sur la foi. Un homme dit qu'il y a un être puissant qui trône au-dessus des nuages et qui gouverne tout l'univers; il me demande de le croire uniquement parce qu'il l'affirme. Mais je peux avoir, moi aussi, mes idées; je veux les imposer à d'autres, et si on me demande de les expliquer, je n'en peux rien faire. C'est pourquoi la religion et la métaphysique sont en défaveur de nos jours. Tout homme instruit semble dire : « Oh ! ces religions sont de purs amas de théories; chaque individu prêche les siennes ! » La religion a, pourtant, sachez-le, une base de croyance universelle, croyance qui domine toutes les théories diverses et toutes les idées variées des sectes et des hommes des divers pays. Là encore, ce sont les expériences universelles que nous trouvons à leur base.

Analysez d'abord, je vous le demande, les différentes religions de ce monde. Vous trouverez qu'elles se divisent en deux catégories : celles qui ont un livre et celles qui n'en ont pas.

Les premières sont les plus puissantes; elles ont les plus nombreux adeptes. Presque toutes les autres ont péri ; et les quelques religions nouvelles sont peu suivies. On s'accorde pourtant à reconnaître que les vérités qu'elles enseignent résultent d'expériences déterminées. Le chrétien vous demande de croire en sa religion, au Christ, incarnation de Dieu; de croire en un Dieu, une âme, un état plus parfait de cette âme. Si je lui demande ses raisons : « c'est ma croyance » répond-il. Eh bien ! remontez à la source du christianisme. Vous verrez qu'il est basé sur l'expérience. En effet, le Christ a dit avoir vu Dieu, ses disciples ont dit l'avoir senti, et ainsi de suite.

Le Bouddhisme est l'expérience de Bouddha. Bouddha constata certaines vérités ; il les vit, les connut, il les prêcha au monde. Chez les Hindous, les Rishis, ou sages, déclarent dans leurs livres avoir été témoins de certaines vérités, et il les enseignent. Il ressort clairement de ceci que toutes les religions ont une base unique, universelle, adamantine, qui est notre savoir. Elles procèdent de l'expérience directe. Les Instructeurs ont tous

vu Dieu, ils ont tous vu leur âme, leur éternité,
leur avenir ; et ils ont prêché ce qu'ils ont vu.
Seulement, le mal est que, de nos jours, la plupart de ces religions exigent que nous croyions
impossible la répétition de semblables expériences ; elles ne furent, nous dit-on, à la portée
que de quelques hommes, fondateurs des religions qui portèrent leur nom par la suite ; mais,
ces expériences, on ne peut plus les faire aujour-
d'hui ; c'est pourquoi la foi seule nous rend
la religion accessible. Or voilà ce que je nie
formellement. Si, en ce monde, et dans quelque
branche de savoir que ce soit, une expérience a
pu être faite une fois, il s'ensuit immanquable-
ment qu'elle eût été mille fois possible auparavant et qu'elle le sera éternellement. L'unifor-
mité est la loi rigoureuse de la nature : « ce qui
est arrivé une fois peut toujours arriver. »

Les maîtres qui enseignent la science du Yoga
déclarent donc que la religion n'est pas seulement basée sur l'expérience des temps passés ;
l'homme, ajoutent-ils, ne peut pas être religieux
tant qu'il n'a pas éprouvé lui-même des perceptions religieuses. Le Yoga est la science qui nous
enseigne à en connaître. Il est vain de parler
religion tant qu'on n'a pas senti la religion.
Comment expliquer tant de troubles, tant de

luttes et de controverses autour du nom du Seigneur? Sa cause a fait verser plus de sang que
toute autre; et cela parce que jamais les hommes
ne sont remontés à la source; ils se sont con-
tentés d'approuver mentalement les coutumes
de leurs ancêtres et ont voulu que les autres en
fissent autant. De quel droit un homme dira-t-il
qu'il a une âme, s'il ne la sent pas, ou qu'il y a
un Dieu, s'il ne le voit pas? Nous devons voir
Dieu s'il existe. Si nous avons une âme, nous
devons la pénétrer; mieux vaut, s'il n'en est
pas ainsi, ne pas croire; être plutôt franchement
athée qu'hypocrite. D'une part l'idée moderne
pousse l'homme « instruit » à juger futiles la religion, la métaphysique et toute recherche d'un
Être suprême; tandis que les hommes qui ont
reçu une demi-instruction semblent croire que
ces choses n'ont, en somme, pas de base, et que
leur seul mérite est de nous pousser à faire du
bien en ce monde. Les hommes qui croient en
Dieu, disent-ils encore, peuvent devenir sages,
moraux, et faire de bons citoyens. Nous ne sau-
rions les blâmer de penser ainsi, si nous son-
geons que tout l'enseignement religieux qu'ils
reçoivent consiste en un éternel rabâchage de
mots vides de sens. On leur demande de se con-
tenter de mots: le peuvent-ils? Je n'aurais pas la

moindre estime pour la nature humaine s'il en
était ainsi. L'homme a besoin de vérité, il a
besoin de constater la vérité par lui-même, de la
saisir, de la comprendre, de la sentir au plus
profond de son cœur : c'est alors, seulement,
disent les Vedas, que tous les doutes s'évanouis-
sent, que les ténèbres se dissipent et que toute
erreur est redressée.

« O vous, enfants de l'immortalité, vous-mêmes
qui vivez sur les plus hauts sommets, la route
est trouvée ; il est un moyen de sortir de l'ombre,
et ce moyen, le seul, car il n'y en a pas d'autre,
est de percevoir Celui qui est au delà de toute
obscurité. »

La science de Râja Yoga se propose de donner
à l'humanité une méthode à la fois pratique et
scientifiquement appliquée, de connaître cette vérité. Et il importe d'étudier chaque science selon
la méthode qui lui convient. Si, voulant devenir
astronome, vous vous asseyez et criez : « Astronomie, astronomie ! » elle ne viendra jamais à
vous. — Voulez-vous étudier la chimie ? Allez
au laboratoire, prenez diverses substances, mé-
langez-les, conbinez-les et faites des expériences.
C'est ainsi que vous apprendrez cette science. S'il
vous plaît d'être astronome, il vous faudra aller à
l'observatoire, prendre un télescope, étudier les

étoiles et les planètes. Chaque science doit
avoir ses méthodes propres. Je pourrais vous
prêcher mille sermons et cela ne vous rendrait
pas religieux tant que vous n'aurez pas pratiqué
la méthode. Voilà ce que vous diront les sages
de tous les pays, de tous les temps, hommes purs
et désintéressés, dont le seul but est de faire le
bien. Tous déclarent avoir trouvé quelque vérité
plus haute que celle que les sens peuvent nous ré-
véler et ils demandent qu'on la vérifie. « Tâtez de
ma méthode, disent-ils, et appliquez-la consciencieusement, et si, alors, vous ne découvrez pas
la vérité supérieure que je vous annonce, libre
à vous de dire qu'elle n'existe pas ; avant d'avoir
essayé par vous-même, vous n'êtes pas fondé à
nier le vrai de mes assertions. » Travaillons de
toute notre âme selon les méthodes prescrites et
la lumière se fera.

Pour acquérir la science, nous nous servons de
généralisations qui sont basées sur l'observation.

Notre attention se porte d'abord sur des faits ;
nous généralisons ensuite, puis nous tirons nos
conclusions, nos principes. Il est impossible d'arriver à connaître l'âme, qui est la nature cachée
de l'homme, la pensée, sans avoir eu d'abord
la force d'observer ce qui se passe en nous.

Les incidents de la vie extérieure sont faciles

à observer. On a inventé mille instruments pour cela; mais aucun qui nous aide à étudier le monde intérieur. Pourtant nous savons qu'il nous faut observer, si nous convoitons une science véritable. Sans analyse appropriée toute science sera sans résultat, elle restera théorie pure ; voilà pourquoi depuis toujours, les psychologues n'ont cessé de se disputer à l'exception du petit nombre d'entre eux qui ont su observer.

La science de Râja Yoga veut fournir aux hommes le moyen d'étudier ce qui se passe en eux. Elle indique un instrument qui est l'intelligence elle-même. La puissance d'attention convenablement conduite et dirigée vers la vie intérieure, nous permettra d'analyser notre âme et éclairera bien des faits. Les forces de l'esprit ressemblent à des rayons épars ; qu'on les concentre, ils illuminent tout. C'est là l'unique source de savoir que nous possédions. Tous y puisent, dans le monde extérieur comme dans le monde intérieur; et cette observation minutieuse, par l'homme de science, du monde extérieur, le psychologue devra l'apporter au monde intérieur; il lui faudra pour cela un long entraînement. On nous enseigne, dès notre enfance, à ne faire attention qu'aux choses extérieures, jamais aux choses intérieures, et presque tous nous avons

perdu la faculté d'observer ce mécanisme intérieur. C'est une rude besogne que d'enchaîner
notre pensée, de l'empêcher de se détourner, puis
de la concentrer toute sur elle-même afin qu'elle
connaisse sa propre nature, afin qu'elle s'analyse
elle-même. C'est pourtant là le seul moyen d'aborder scientifiquement un sujet.

Cette science dont nous parlons, à quoi sert-
elle? D'abord le savoir est en lui-même la plus
belle récompense du savoir; il a aussi son utilité :
il nous affranchit de toute misère. Pour l'homme
qui, par l'analyse de sa propre intelligence, se
trouve face à face avec quelque chose d'impéris-
sable, de naturellement et éternellement pur et
parfait, — finie sa misère, fini son malheur.
Toute misère naît soit de la peur, soit d'un désir
inassouvi. Que l'homme se convainque qu'il ne
mourra jamais, il n'aura plus peur de la mort.
Qu'il se sache parfait, il n'aura plus de vains
désirs; supprimez ces deux causes, vous tuez la
misère; vous créez le bonheur parfait, même
pendant notre existence actuelle.

Pour conquérir ce savoir il n'existe qu'une
méthode : la concentration. Le chimiste dans
son laboratoire concentre toutes les forces de son
intelligence en un foyer ; il en enveloppe les
matières qu'il analyse et surprend ainsi leurs

1.

secrets. L'astronome concentre toutes les forces
de son intelligence et les projette sur les cieux à
travers son télescope. Le soleil, la lune, les
étoiles lui deviennent familiers. Plus je concentre ma pensée sur le sujet dont je vous parle,
plus je l'éclaire. Vous m'écoutez, et plus vous
concentrez la vôtre, mieux vous comprenez mes
paroles.

Toute la science acquise jusqu'ici, à quoi la
devons-nous sinon à la concentration des forces
de l'esprit? La nature est prête à nous livrer ses
secrets pourvu que nous sachions les lui demander. Seule la concentration nous le permet. Le
pouvoir de l'intelligence humaine est sans limite.
Il augmente avec la concentration; tel est le
secret.

Il est plus aisé de concentrer sa pensée sur
des objets extérieurs; la pensée se porte naturellement sur eux; mais lorsqu'il s'agit de religion, de psychologie, de métaphysique, le sujet
et l'objet de la concentration ne font qu'un. Cet
objet est en nous, c'est notre esprit, et c'est
lui qu'il nous faut étudier: étude de l'intelligence
par l'intelligence.

Nous savons qu'il existe un pouvoir de l'esprit
nommé : pensée réflexe. Je vous parle et je suis
en même temps comme une seconde personne

qui sait et qui entend ce que je dis. Vous travaillez, et, tout en travaillant, vous pensez. Un peu de
votre intelligence est là, présente, qui s'en rend
bien compte. Les forces de la pensée doivent se
concentrer, se retourner sur la pensée elle-même ;
et, de même que les rayons pénétrants du soleil
visitent les recoins les plus sombres, de même
la pensée concentrée aura raison de ses propres
secrets les plus profonds. Et ceci nous conduit
à la base de la croyance, à la vraie religion naturelle. Nous saurons alors par nous-mêmes si nous
avons une âme, si la vie dure cinq minutes ou
l'éternité, s'il est un Dieu ou s'il n'en est pas.
Tout nous sera révélé. Voilà ce que le Râja Yoga
se propose d'enseigner. Son but unique est de
nous apprendre à concentrer notre pensée, à
savoir découvrir ce qui se passe en nous, à gé-
néraliser les phénomènes dont nous serons
témoins et à tirer nos propres conclusions. C'est
pourquoi le Râja Yoga ne demande jamais quelle
religion est la nôtre, si nous sommes déistes ou
athées, chrétiens, juifs ou boudhistes. Nous
sommes des hommes : cela suffit. Tout être humain a le droit de raisonner, de demander le pourquoi des choses, et de répondre lui-même à ses
propres questions, s'il en veut prendre la peine.
    L'étude du Râja Yoga ne nécessite donc aucune

foi, aucune croyance. « Ne croyez rien que vous
n'ayez vérifié vous-même, » voilà ce qu'il nous
dit. La vérité se passe de tuteur qui la soutienne.
Pensez-vous véritablement qu'il nous faille des
rêves pour nous prouver la réalité des faits
observés en notre état de veille ? Non pas !
L'étude du Râja Yoga demande une pratique
longue, constante. Cette pratique est en partie
physique, mais elle est surtout mentale. A mesure que nous avancerons nous constaterons le
lien intime entre l'esprit et le corps. Si nous
croyons que l'esprit n'est qu'une partie plus
affinée du corps et qu'il agit sur ce dernier, de
même il nous faut croire que le corps agit sur
l'esprit. A corps malade, intelligence atteinte.
A corps sain, forte et saine intelligence. La
colère trouble notre esprit et le corps s'en res-
sent. Le corps, chez la majorité des humains,
domine l'intelligence ; l'esprit est très peu déve-
loppé. Pardonnez-moi de prétendre que la grande
masse des hommes ne s'élève guère au-dessus
des animaux inférieurs. Nous dominons faible-
ment notre pensée. C'est pourquoi certains ad-
juvants physiques sont indispensables à nous
donner cette maîtrise de notre corps et de notre
pensée; ce n'est que lorsque nous dominons
d'assez haut notre corps que nous pouvons ten-

ter d'atteindre notre âme. Nous pourrons alors
la dompter, la pétrir, la concentrer à notre
guise.

D'après le Râja Yoga, le monde extérieur n'est
que la manifestation grossière du monde intérieur ou subtil. Le plus subtil est toujours la
cause, et le plus grossier est l'effet. Ainsi le
monde extérieur est l'effet et le monde intérieur
la cause. De même, les forces extérieures sont
simplement les parties les plus grossières d'un
tout dont les forces intérieures sont les plus
subtiles. Celui qui a su découvrir, qui a appris à
diriger les forces intérieures, se rend maître de
toute la nature. Le Yogi ne se propose rien moins
que de maîtriser l'univers tout entier, de dominer
toute la nature. Il veut en arriver au point où ce
qu'on nomme « lois naturelles » n'aura plus
d'influence sur lui, et où il pourra franchir leurs
bornes. Il sera maître de toute la nature aussi
bien interne qu'externe. La civilisation et les
progrès humains consistent simplement à dominer cette nature.

Les moyens d'acquérir cette domination va-
rient avec les races. Il en est d'elles comme des
individus, les uns se proposent de vaincre la
nature extérieure, les autres la nature intérieure.
D'aucuns disent qu'en dominant le nature inté-

rieure nous devenons maîtres de toutes choses ;
d'autres que cette maîtrise parfaite est l'apanage
de ceux qui dominent la nature extérieure. Pous-
sées à l'extrême ces deux affirmations sont vraies ;
il n'existe en effet rien d'extérieur ou d'intérieur.
La limite qu'impliquent ces termes est fictive ;
elle n'a jamais existé. Ceux qui soutiennent res-
pectivement ces deux systèmes sont destinés à
se rencontrer le jour où chacun d'eux aura atteint l'extrême limite de son savoir. De même
que le médecin qui va jusqu'aux limites de la
science et la voit cesser d'être science pour devenir métaphysique, de même le métaphysicien
s'apercevra que les termes : esprit et matière ne
marquent que des distinctions purement appa-
rentes et qui devront disparaître pour toujours.

La fin et le but de toute science est de trouver
une unité, ce UN d'où naissent tant de choses diverses, ce UN qui est multiple. Le Râja Yoga
propose que l'on prenne comme point de départ
le monde intérieur, qu'on l'étudie, et que l'on arrive, par cette étude, à dominer à la fois le monde
extérieur et le monde intérieur. La tentative est
très ancienne. L'Inde en a été le théâtre principal, mais on l'a vu essayer chez d'autres peuples.
En Occident, on traite ce système de mystique. On
brûla ou on tua comme sorciers ceux qui voulu-

rent le mettre en pratique, et, pour des causes
diverses, il tomba dans l'Inde aux mains de gens
qui supprimèrent 90 p. 100 de la science et
tâchèrent de faire grand mystère. du reste.
De nos jours, beaucoup de soi-disant maîtres
ont surgi, et plus mauvais que ceux de l'Inde,
car ceux-ci savaient quelque chose, tandis que
ces apôtres modernes ne savent rien.

Il importe de repousser d'abord tout ce qui,
dans les systèmes du Yôga, est secret ou mystérieux. L'énergie est le meilleur guide dans la
vie. En religion comme en toute autre chose,
rejetez bien loin de vous tout ce qui peut vous
affaiblir. Tout trafic avec le mystérieux affaiblit
le cerveau humain. La science du Yoga a failli
en périr, mais il faut dire que c'est assurément
une des sciences les plus belles. Depuis l'époque
de sa découverte, voici plus de 4.000 ans, elle a
été parfaitement délimitée, formulée et prêchée
aux Indes ; et il est frappant de voir que les er-
reurs commises sont d'autant plus grandes que
le commentateur est plus moderne. Plus l'auteur est ancien, plus il est rationnel. La plupart
des auteurs contemporains parlent de toutes
sortes de mystères. C'est ainsi que la science
tomba aux mains de quelques individus qui la
tinrent secrète au lieu d'y laisser pénétrer l'é-

clat du jour et de la raison ; le but de ces
hommes en agissant ainsi fut de se réserver la
puissance.

Il n'y a aucun mystère en mes enseignements.
Le peu que je sais, je vais vous le dire. Je vous
expliquerai tout ce que ma raison comprend,
mais quand je ne saurai pas moi-même, je vous
dirai simplement : voilà ce que disent les livres.
Il est mauvais de croire aveuglément. Raisonnez,
jugez par vous-mêmes, faites l'épreuve, vérifiez
si ce qu'on vous a dit est exact ou non. Il vous
faut entreprendre l'étude de cette science précisément selon les mêmes méthodes que celles que
vous appliqueriez à toute science d'ordre matériel. Elle ne présente ni danger ni mystère. Si
elle est vraie, on devrait la prêcher sur la place
publique, au grand jour. Toute tentative pour
l'envelopper de mystère est très dangereuse.

Avant d'aller plus loin je vais vous dire quelques mots de la philosophie *Sânkhya* sur laquelle
est basé tout le Râja Yoga. Toute perception, dit
cette philosophie, est due à des instruments,
comme les yeux, par exemple ; les yeux transmet-
tent la perception aux organes, les organes à
l'intelligence, l'intelligence à la faculté déterminative, qui la livre à *Purusha* (l'âme) ; celle-ci
renvoie les ordres, en quelque sorte, par ces

mêmes degrés. C'est ainsi que nous frappent les
sensations. A l'exception de *Purusha*, tous ces
éléments sont d'ordre matériel, mais l'intelligence est d'une matière bien plus subtile que les
instruments extérieurs. La matière dont l'intelligence est faite devient plus grossière et se transforme en ce qu'on appelle *Tanmâtras*. Devenue
plus grossière encore, elle constitue les éléments
extérieurs. Telle est la psychologie de *Sânkhya*.
De sorte qu'entre l'intelligence et la matière extérieure plus grossière, il n'existe qu'une différence de degré. La *Purusha* seule est immatérielle. L'intelligence est comme un instrument de
l'âme qui lui permet de percevoir les objets extérieurs. Cette intelligence change et vacille constamment; elle peut s'attacher à plusieurs organes,
à un seul, ou ne s'attacher à aucun. Si, par exemple,
j'écoute très attentivement la pendule, peut-être
ne verrais-je rien autour de moi, bien que mes
yeux soient grands ouverts; ce qui prouve que
l'intelligence n'était pas en rapport avec le sens
de la vue, encore qu'elle le fût avec l'ouïe. De
même l'intelligence peut simultanément être en
rapport avec tous les organes. Elle a le pouvoir
réfléchi de scruter ses propres profondeurs. C'est
ce pouvoir que le Yogi se propose d'atteindre. Il
concentre sa pensée, il la replie sur lui-même, et

cherche à savoir ce qui se passe en lui. Il ne
s'agit point ici d'une simple croyance mais de
l'analyse à laquelle se livrent certains philosophes.
Des physiologistes modernes disent que les yeux
ne sont pas les organes de la vue, mais que ces
organes se trouvent au centre nerveux du cerveau et qu'il en est de même pour tous les sens ;
ils ajoutent que ces centres nerveux sont composés des mêmes matières que le cerveau lui-
même. Les *Sânkhyas* vous tiendront le même
langage, mais d'un côté, c'est une allégation du
point de vue physique et de l'autre une allégation
du point de vue psychologique ; elles sont pourtant pareilles. Mais au-delà de ces allégations,
il nous faut démontrer.

Le Yogi se propose d'atteindre à cet état
subtil qui lui permettra de percevoir toutes ces
choses. Il veut arriver à la perception mentale de
tous les états différents. Ainsi nous percevrons
comment la sensation voyage, comment l'intelligence la reçoit, et comment elle atteint la
faculté déterminative qui, elle, la transmet au
Purusha. Chaque science demande une prépara-
tion, une méthode qui lui soit propre, et tant
que nous ne nous y conformons pas, nous n'arrivons pas à comprendre cette science; il en est
de même du Râja Yoga.

Il est nécessaire de se soumettre à certaines
règles d'alimentation; il faut choisir la nourriture qui donne l'âme la plus pure. Si vous allez
dans une ménagerie, vous en aurez la preuve im-
médiate. Voici les éléphants, animaux énormes,
mais calmes et doux; et voici les lions et les
tigres; vous les trouvez en perpétuel mouvement;
cela vous montre bien les conséquences dues à
la différence de nourriture. Ce sont les aliments
qui font naître toutes les forces de notre corps;
nous le constatons chaque jour. Si vous jeûnez,
votre corps s'affaiblit, vos forces diminuent; au
bout de quelques jours votre intelligence fai-
blira à son tour. La mémoire vous fera d'abord
défaut; puis le moment viendra où vous ne
pourrez même plus penser, et encore moins suivre
un raisonnement quel qu'il soit. Nous devons
donc tout d'abord surveiller notre alimentation;
quand nous serons devenus assez robustes, et
à mesure que nous avançerons dans cette pratique, nous pourrons être moins rigoureux sous
ce rapport. Pendant sa croissance, la plante a
besoin être protégée; puis, quand elle devient arbre, on supprime le tuteur; elle est
assez forte pour résister par elle-même.

Un Yogi doit se garder des deux extrêmes,
du luxe et de l'austérité. Il ne doit ni jeûner ni

torturer sa chair; celui qui agirait de la sorte ne saurait être un Yogî, dit la *Gîta*; il n'en saurait être un non plus celui qui jeûne, ou qui veille, ou qui dort trop; celui qui travaille trop et celui qui ne travaille pas du tout.

CHAPITRE II

LES PREMIERS DEGRÉS

Râja Yoga se divise en huit degrés. Le premier est *Yama* : ne pas tuer, ne pas mentir, ne pas voler, observer la continence, ne pas recevoir de présents. *Niyama* est le suivant : il enseigne la propreté, le contentement, la mortification, l'étude et la soumission à Dieu. Ensuite vient *Âsana*, ou les postures ; *Prânâyâma*, ou la maîtrise des forces vitales du corps ; *Pratyâhâra*, qui exerce l'âme à l'examen intérieur ; *Dhârânâ*, ou la concentration ; *Dhyâna* ou la méditation ; et *Samâdhi*, ou la supra-conscience. Nous voyons que *Yama* et *Niyama* comportent un entraînement moral ; et si on ne les prend pas pour bases il est impossible de pratiquer le Yoga avec succès. A mesure qu'il suivra ces pratiques le Yogi commencera à en recueillir les fruits ; s'il ne s'exerce

pas, tous ses efforts resteront stériles. Un Yogi
ne doit songer à faire de mal à personne, pas plus
en pensée qu'en parole ou en fait ; pas plus aux
animaux qu'aux hommes. Qu'il ne réserve pas à
eux seuls sa pitié, mais qu'il l'étende à l'univers
tout entier.

L'étape suivante se nomme *Âsana,* ou posture. Chaque jour, il faut faire des séries d'exercices physiques et mentaux, jusqu'à ce qu'on ait
atteint certains états plus élevés. Il est donc indispensable de trouver une attitude que l'on
puisse conserver longtemps. La position la plus
naturelle à chacun est celle qu'il convient d'adop-
ter. Tel individu se sentira très à l'aise pour penser
en telle posture qui serait intenable pour un autre.

Nous verrons plus tard, à ce sujet, que pendant l'étude de ces questions psychologiques, le
corps travaille avec intensité. Il faudra déplacer
certains courants nerveux et leur imprimer une
direction différente. On éprouvera des vibrations
nouvelles, et il semblera que la constitution entière se transforme. Mais la colonne vertébrale
sera le siège principal de cette action, de sorte
qu'elle devra de toute nécessité rester libre, verticale, maintenant la poitrine, le cou et la tête
en ligne droite. Tout le poids du corps portera
sur les côtes ; on arrive ainsi à une posture com-

mode et naturelle. Vous constaterez par vous-même que l'on ne peut pas avoir des pensées élevées quand la poitrine est creusée. Cette partie du Yoga ressemble un peu au Hatha Yoga qui s'occupe exclusivement du corps et qui a pour but de lui donner une grande force physique. C'est une question que nous n'étudierons pas ici ; le résultat qu'elle se propose est très difficile à atteindre ; on ne saurait y prétendre en un jour ; il ne mène à aucun développement spirituel. Delsarte et divers autres maîtres s'étendent sur ce chapitre et enseignent la manière de donner au corps différentes postures ; mais c'est là un but physique, non pas psychologique. Il n'est pas un muscle de son corps sur lequel l'homme ne puisse exercer son empire ; il peut arrêter son cœur ou le laisser battre, à sa guise ; il peut aussi faire agir selon son gré chaque partie de son organisme.

Le résultat de cette partie du Yoga est de nous faire vivre vieux. La santé, voilà l'idée dominante, le seul vrai but du Hatha Yogi. L'homme qui est décidé à ne jamais tomber malade se porte toujours bien. Il vit longtemps. Atteindre la centaine, cela n'est rien pour lui ; à cent cinquante ans il est jeune et dispos, et il n'a pas un cheveu blanc. Mais c'est tout. Un arbre banyan vit

parfois cinq mille ans ; mais ce n'est qu'un arbre,
rien de plus. De même, l'homme qui vit longtemps n'est pas autre chose qu'un animal bien
portant. Une ou deux leçons de Hatha Yoga sont
très utiles. Ainsi, quelques-uns d'entre vous se
trouveront peut-être bien, pour lutter contre le
mal de tête, d'absorber par le nez, chaque matin,
au lever, une certaine quantité d'eau froide ; votre
cerveau en sera rafraîchi et rendu plus clair pour
toute la journée et vous ne vous enrhumerez
jamais. La chose est d'une application facile :
mettez votre nez dans l'eau et faites avec la gorge
un mouvement d'aspiration.

Après avoir appris à s'asseoir dans une position verticale, le disciple doit, suivant certaines
écoles, pratiquer ce qu'on appelle la purification des nerfs. Cet exercice a été rejeté par quelques personnes, comme n'appartenant pas au
Râja Yoga, mais je crois devoir en faire mention
puisqu'il est recommandé par la grande autorité
du commentateur *Sankarâchârya*; voici ses
propres instructions, tirées des commentaires
du *Svetâsvatara Upanishad.*

« L'intelligence qui a été purifiée par *Prânâyâma* se fixe en Brahman, c'est pourquoi *Prânâyâma* est nécessaire. Il faut d'abord purifier
les nerfs et l'on peut ensuite pratiquer Prânâyâma.

Il faut boucher la narine droite avec le pouce et aspirer par la narine gauche autant d'air que possible. Puis, sans arrêt, l'on expire par la narine droite en fermant la gauche. Respirant à nouveau par la narine droite, on rejette l'air par la gauche.

« Cet exercice doit se répéter trois ou cinq fois de suite et à quatre reprises par jour, aux heures suivantes : avant le lever du soleil, au milieu du jour, le soir et à minuit ; au bout de quinze jours ou d'un mois les nerfs sont purifiés ; alors commence *Prânâyâma*. »

La pratique de cet exercice est indispensable. Vous pouvez vous asseoir là et m'écouter tout le jour, sans faire un seul pas en avant si vous ne pratiquez pas en personne. Car tout est là. Nous ne pouvons pas comprendre ces phénomènes avant de les avoir expérimentés. Il nous faut les sentir et les voir par nous-mêmes ; et nous aurons beau prêter l'oreille aux théories et aux explications, cela ne nous servira de rien. Il peut y avoir plus d'un empêchement à pratiquer soi-même ; la maladie en constitue un premier ; si le corps n'est pas en bon état, la pratique sera entravée. Nous devons donc nous maintenir en bonne santé ; veiller à ce que nous mangeons, buvons, faisons ; pour demeurer robuste, ayez-

2

en le désir très sincère; faites cet effort moral
que conseille la *christian science*. Et voilà
tout. Il n'y a rien de plus à dire au sujet du
corps. N'oublions pas, en effet, que la santé n'est
qu'un moyen d'atteindre le but et non pas le but
lui-même. Car s'il en était ainsi, nous serions pareils aux animaux, et les animaux sont rarement
malades.

. Le doute constitue un second empêchement.
Nous doutons toujours des choses que nous ne
voyons pas. L'homme ne peut pas vivre de mots,
encore qu'il l'essaye. Nous doutons, et nous
nous demandons si ces choses sont vraies ou
fausses; le meilleur d'entre nous pourra douter
parfois. Après quelques jours d'exercice, une
lueur naîtra; elle suffira pour vous donner cou-
rage et espoir.

Un commentateur de la philosophie Yoga
dit: « Qu'une épreuve réussisse, si minime soit-
elle, et nous aurons alors foi en tous les enseignements de Yoga. C'est ainsi qu'après quelques mois d'entraînement et d'étude vous vous
apercevrez que vous commencez à lire les pensées
d'autrui; elles se présenteront à vous, telles des
images. Peut-être qu'en concentrant votre esprit
et en vous efforçant, vous entendrez des bruits
extrêmement éloignés. Ces lueurs vous viendront

pâles au début, mais suffisantes pour vous donner
la foi, la force et l'espoir. Si, par exemple, vous
concentrez vos pensées sur le bout de votre nez,
vous sentirez après quelques jours des odeurs
tout à fait exquises; il n'en faudra pas davantage pour vous démontrer que certaine perceptions mentales peuvent nous devenir sensibles
sans le contact d'objets matériels. Mais nous
devons nous rappeler toujours qu'elles ne constituent que les moyens; libérer l'âme, tel est le
but, la fin, l'idéal que nous poursuivons par
tout cet entraînement. Et cet idéal ne doit être
rien moins que la domination absolue de la nature. C'est nous, non pas elle, qui devons être les
maîtres; nous ne devons subir le joug ni de l'intelligence ni du corps; n'oublions pas que c'est
notre corps qui nous appartient et non pas
nous qui appartenons à notre corps.

Un dieu et un démon allèrent trouver un grand
sage pour apprendre de lui ce qu'était le « Moi ».
Après de longues études, le sage leur dit enfin :
« Vous êtes vous-mêmes l'Être que vous cher-
chez. » Tous deux crurent que leur corps était
leur « Moi ». « Nous possédons tout », dirent-
ils, puis allèrent rejoindre les leurs et dirent :
« Nous avons appris tout ce qu'on peut apprendre : manger, boire et être joyeux; nous

sommes le « Moi » ; rien ne nous est supérieur. »

Le démon était d'un naturel ignorant et obtus ; il n'essaya pas d'en savoir davantage, parfaitement convaincu de l'idée qu'il était dieu, que par le « Moi », on entendait le corps. Mais le dieu avait une nature plus pure. Il commit d'abord l'erreur de croire. « Moi, ce corps que voici, je suis Brahman ; il faut donc le conserver vigoureux et sain, le bien vêtir et lui procurer toutes sortes de jouissances matérielles. » Mais, quelques jours après, il comprit que tel n'avait pu être le sens des enseignements du sage, leur maître, et qu'il devait y avoir quelque chose de plus élevé.

Alors il revint et dit : « Maître, m'avez-vous enseigné que ce corps-ci est le « Moi » ? S'il en est ainsi, je vois mourir tous les corps et le « Moi » ne peut pas mourir. » Le sage dit : « Découvre-le ; tu es Cela. » Alors le dieu crut que le sage voulait parler des forces vitales qui animent le corps. Mais, peu de temps après, il observa que, s'il mangeait, ses forces vitales restaient vigoureuses, que, par contre, elles faiblissaient s'il venait à jeûner. Alors le dieu retourna auprès du sage et lui dit : « Maître, voulez-vous dire que ce sont les forces vitales qui constituent le « Moi » ? » Le sage dit : « Trouve toi-même, tu

es Cela. » Le dieu s'en alla encore et crut que le
« Moi », c'était l'intelligence, mais bientôt il son-
gea que les pensées sont inconstantes, parfois
bonnes, parfois mauvaises, et il en conclut que
la pensée était trop variable pour que ce fût elle
le « Moi ». Il alla retrouver le sage et lui dit :
« Maître, je ne crois pas que l'intelligence soit le
« Moi »; est-ce là ce que vous vouliez dire? —
Non, répondit le sage, tu es Cela, trouve l'explication toi-même. » Le dieu s'en fut de nouveau
et découvrit enfin qu'il était le « Moi » au delà
de toute pensée; Celui qui n'a ni naissance ni
mort, que l'épée ne peut transpercer, le feu brû-
ler, l'air dessécher, l'eau dissoudre, qui n'a ni
commencement ni naissance, l'intangible, l'omniscient, l'Être omnipotent, qui n'est formé ni
d'un corps ni d'une intelligence, mais de quelque
chose de bien supérieur à tout cela. Il fut satisfait ainsi, mais le pauvre démon ne put atteindre
à la vérité parce qu'il aimait trop son corps.

Ces natures démoniaques sont nombreuses en
ce monde, mais il y a quelques dieux aussi. Que
quelqu'un se mette à enseigner une science capable d'augmenter les plaisirs des sens, il trouvera des foules prêtes à l'écouter. Mais celui qui
veut enseigner à l'humanité le but suprême ne
rencontre que l'indifférence de tous. Très peu

2.

d'hommes sont capables de comprendre ce qui est le plus élevé; moins encore ont la patience d'y atteindre; mais quelques-uns savent aussi que si le corps vivait mille ans le résultat serait finalement le même. Il se désagrège lorsque les forces qui le maintenaient l'abandonnent. Aucun homme n'a jamais pu un seul moment arrêter la transformation constante de son corps. Le corps est le nom même d'une succession de changements. « Il en est du corps comme d'une rivière, où vous voyez avec leur même forme les flots changer à chaque instant et d'autres flots nouveaux prendre la place des premiers. » Mais il importe de conserver au corps sa force et sa santé; car c'est lui notre meilleur instrument.

Le corps humain est le corps le plus parfait de l'univers, comme la créature humaine est la plus parfaite des créatures. L'homme est supérieur à tous les animaux, supérieur à tous les anges; nul n'est plus grand que lui. Les devas eux-mêmes auront à redescendre sur terre et c'est sous une forme humaine qu'ils gagneront leur salut. Seul, l'homme atteint à la perfection que les devas eux-mêmes ne connaissent pas. Selon les Juifs et les Mahométans, Dieu créa l'homme après avoir créé les anges et tout le

reste de l'univers; il dit alors aux anges de
venir et de le saluer, ce que tous firent, sauf
Iblis; alors, Dieu le maudit et il devint Satan.
Cette allégorie cache une grande vérité; la naissance de l'homme est la plus belle de toutes
les naissances. La création inférieure, representée par l'animal, est obscure; elle procède
surtout de *Tamas*. Les animaux ne peuvent
avoir de belles pensées; les anges, non plus que
les devas, ne peuvent conquérir directement leur
liberté, sans une renaissance humaine. De même
dans la société des hommes, un excès de richesse
ou de pauvreté est un puissant obstacle au développement supérieur de l'âme. Les grands de ce
monde surgissent de la classe moyenne. Chez
elle les forces sont équitablement reparties et
elles se balancent.

Revenons à notre sujet. Voici maintenant *Prânâyâma* ou règles de la respiration. Quel rapport cela a-t-il avec le pouvoir de concentration
du mental? La respiration est comme le volant
de notre machine. Dans une machine puissante,
c'est le volant qui se met en marche d'abord;
son mouvement se transmet à des rouages de
moins en moins grossiers, jusqu'à ce que les
plus délicats marchent d'accord avec l'ensemble.
Eh bien, la respiration est ce volant qui fournit

et régularise la force motrice dont chaque parcelle de notre corps a besoin.

Il y avait une fois le ministre d'un grand roi ;
il tomba un jour en disgrâce, et le roi, pour le
châtier, le fit enfermer tout en haut d'une haute
tour. Il voulait l'y laisser mourir. Mais ce ministre
avait une femme fidèle, qui, la nuit, vint à la
tour, appela son mari et lui demanda de quel
secours elle lui pouvait être. Il lui répondit de
revenir la nuit suivante et d'apporter une longue
corde, une ficelle solide, un gros fil, un fil de
soie, un blatte et un peu de miel. Très intriguée,
la brave épouse obéit et lui apporta les objets
demandés. Le mari lui dit d'attacher solidement
le fil de soie à la blatte, de barbouiller ensuite
ses antennes d'une goutte de miel, et de la lâcher
sur le mur de la tour, la tête pointant vers le
sommet. Elle se conforma à toutes ces prescriptions et la blatte se mit en route pour son long
voyage. Sentant le miel devant elle, elle grimpa
dans l'espoir de l'atteindre, lentement, toujours
en avant jusqu'à ce qu'elle eût finalement gagné
le sommet de la tour ; le ministre saisit alors
l'insecte, et s'empara du fil de soie, à l'autre extrémité duquel il pria sa femme d'attacher le gros
fil. Lorsqu'il l'eut en main il renouvela l'opéra-
tion avec la grosse ficelle et finalement avec la

corde. La suite était facile ; le ministre à l'aide
de la corde descendit de la tour et s'évada. Dans
notre corps le mouvement respiratoire est comme
« le fil de soie » ; rendons-nous en maître ; en
apprenant à le dominer nous nous saisirons du
gros fil, c'est-à-dire des courants nerveux ; ceux-
ci nous donneront le fil plus fort de nos pensées,
puis enfin la corde de *Prâna* ; et le jour où nous
en serons maîtres, nous aurons atteint la liberté.

Nous ne savons rien de notre propre corps, et
nous n'en pouvons rien savoir. Tout au plus pou-
vons-nous prendre un cadavre et le disséquer; il
y a même des personnes qui se livrent à ce travail
sur des animaux vivants, afin de voir ce que le
corps renferme. Mais cela n'a rien à faire avec
notre propre corps, dont nous ne savons que très
peu de chose; pourquoi en est-il ainsi? Parce que
nous manquons de discernement pour percevoir
les mouvements très délicats qui se produisent
en dedans de nous. Nous ne pouvons y parvenir
que si l'intelligence pénètre en quelque sorte le
corps et devient plus subtile. Avant de posséder
ce degré de subtilité il faut commencer par des
perceptions plus grossières ; nous devons nous
rendre maîtres de ce qui met toute la machine
en mouvement. Or, c'est à *Prâna* qu'appartient
ce rôle, *Prâna* dont la respiration constitue la

manifestation la plus tangible. Grâce à lui, nous pénétrons lentement dans le corps, où nous pourrons découvrir ce que sont ces forces subtiles, comment les courants nerveux agissent dans le corps entier et dès que nous les aurons perçus et que nous aurons appris à les sentir, nous commencerons à les maîtriser et, par eux, à dominer l'ensemble de notre corps. L'intelligence étant également mue par ces divers courants nerveux, nous atteindrons finalement à cet état de maîtrise parfaite du corps et de l'intelligence, dont nous aurons fait nos serviteurs. La science, c'est de la force ; il nous faut acquérir cette force ; nous devons commencer par le commencement, par le *Prânâyâma* qui domine le *Prâna*. Ce *Prânâyâma* forme un sujet étendu, et il nous faudra plusieurs leçons pour l'expliquer complètement. Nous l'étudierons partie par partie, chapitre par chapitre.

Nous verrons au fur et à mesure les raisons qui justifient chacun des exercices, et les forces corporelles que chacun d'eux exerce. Petit à petit, nous comprendrons, mais il nous faut pratiquer d'abord avec constance et la pratique amènera la preuve. Il n'est pas de raisonnement que je puisse vous faire, capable de vous convaincre tant que vous n'aurez pas fait l'expérience

vous-même. Dès que vous commencerez à ressentir l'action de ces courants dans tout votre
être, vos doutes disparaîtront ; mais une pratique
quotidienne et opiniâtre s'impose pour cela. Il
faut vous exercer au moins deux fois par jour ;
le matin et le soir sont les moments les mieux
choisis de la journée. A l'aube, au crépuscule,
il se produit un état de calme relatif. Le point
du jour et les premiers instants du soir sont les
deux pôles de ce calme. Nous devons profiter de
ces conditions naturelles et nous mettre alors à
pratiquer. Faites-vous une règle de ne pas manger
avant d'avoir fait vos exercices et si vous suivez
cette règle la seule faim aura raison de votre pa-
resse. Aux Indes on enseigne aux enfants à ne
jamais manger avant d'avoir pratiqué et fait leurs
dévotions ; en très peu de temps, leur naturel se
conforme à cet usage, et un jeune garçon n'aura
jamais faim avant de s'être baigné et exercé.

Ceux d'entre vous qui le peuvent feront bien
de réserver une pièce uniquement à la pratique ;
n'y dormez pas; ce lieu doit rester saint; n'y
entrez pas sans vous être baigné, et sans être
parfaitement pur de corps et d'esprit. Que cette
pièce soit toujours garnie de fleurs : un Yogi
ne saurait avoir de meilleure compagnie qu'elles ;
qu'aux murs pendent d'agréables tableaux. Brû-

lez-y de l'encens matin et soir. Que ce lieu ne
connaisse ni disputes, ni colère, ni pensées pro-
fanes. N'en permettez l'accès qu'à ceux dont
les pensées sont pareilles aux vôtres; petit à
petit, dans cette chambre régnera une atmosphère de sainteté, et quand vous vous sentirez
malheureux, triste, en proie au doute, ou bien
l'âme troublée, le seul fait d'y pénétrer vous cal-
mera. Telle est la raison d'être du temple et de
l'église ; de nos jours encore on la retrouve dans
quelques temples, quelques églises, mais pour
la plupart l'idée première a disparu. Elle consiste à croire qu'en maintenant en ces sanctuaires
des vibrations saintes, ils s'illuminent et demeu-
rent illuminés. Ceux qui n'ont pas le moyen de
consacrer une pièce à cet usage peuvent faire
leurs exercices là où ils veulent. Asseyez-vous
bien droit et adressez à la création tout entière
un courant de sainte pensée. C'est par là qu'il
faut commencer. Dites et redites mentalement
ces paroles : « Que tous les êtres soient heureux, que tous les êtres soient en paix ; que
tous les êtres soient bienheureux. » Lancez ces
mots vers l'est, le sud, le nord et l'ouest. Et
plus vous ferez cet exercice et mieux vous vous
sentirez. Vous finirez par découvrir que le meilleur moyen de se bien porter est de veiller à ce

que les autres soient en bonne santé, et que la
méthode la plus sûre pour se sentir heureux est
de veiller à ce que les autres soient heureux.
Après cela, ceux qui croient en Dieu doivent
prier, mais prier non point pour qu'il leur soit
accordé argent, santé, ou pour gagner le ciel;
prier pour conquérir le savoir et la lumière;
toute autre prière est égoïste. Ensuite il faut penser à son corps. Veillez à ce qu'il soit fort et sain;
vous ne possédez pas de meilleur instrument que
lui. Imaginez-vous qu'il est aussi robuste que l'a-
cier et que, grâce à lui, vous traverserez cet océan
de la vie; les faibles n'atteindront jamais à la libération; dépouillez toute faiblesse, dites à votre
corps qu'il est puissant, à votre intelligence
qu'elle est forte; ayez en vous-même une foi et
un espoir sans bornes.

CHAPITRE III

PRÂNA

Contrairement à ce que croient quelques personnes, *Prânâyâma* ne traite pas seulement de la respiration ; *Prânâyâma* n'a que peu de rapports avec elle, si tant est qu'il en ait du tout.

La respiration n'est qu'un des nombreux exercices dont la pratique nous conduit au véritable *Prânâyâma*. *Prânâyâma* c'est la maîtrise, la domination de *Prâna*. Selon les philosophes de l'Inde, l'univers tout entier se compose de deux matières, dont l'une porte le nom de *Akâsha*. C'est l'existence partout présente et qui pénètre tout. Tout ce qui a forme, tout ce qui est le résultat de mélanges, procède de cet *Akâsha*. C'est de l'*Akâsha* que proviennent l'air, les liquides et les solides ; c'est l'*Akâsha* qui se transforme en soleil, terre, lune, étoiles et comètes ; lui encore, qui

devient corps humain ou animal, plantes, tout
ce que nous voyons, tout ce que nous sentons,
tout ce qui existe. L'on ne peut pas percevoir l'*Akâsha* lui-même ; sa subtilité est telle qu'il
est au-delà de toute perception ordinaire, et l'on
ne peut le voir que lorsqu'il s'est matérialisé,
qu'il a pris forme. A l'origine de la création cet
Akâsha existe seul ; à la fin du monde les solides, liquides et gaz se fondent de nouveau
en lui de qui procède d'une manière semblable
la création suivante.

Quel est donc le pouvoir qui produit cet *Akâsha*
dans l'univers ? Ce pouvoir est *Prâna*. De même
que *Akâsha* est la matière infinie, partout présente de cet univers, de même Prâna en est le
pouvoir infini, omniprésent, qui se manifeste. Au
début et à la fin d'un cycle, tout devient *Akâsha*,
et toutes les forces de l'univers se résolvent et
retournent en *Prâna*; dans le cycle suivant,
c'est de ce *Prâna* que découle tout ce que nous
appelons énergie et force. Le mouvement est
une manifestation de *Prâna*. Il en est de même
de la gravitation et du magnétisme. Les mouvements du corps, les courants nerveux, la
force de la pensée sont des manifestations de
Prâna. De la pensée jusqu'à la force physique
la plus grossière, tout n'est que manifestation

de *Prâna*. *Prâna* est le nom de la somme totale
de toutes les forces de l'univers, mentales
ou physiques, revenues à leur état d'origine.
« Quand il n'y avait encore ni tout, ni rien, quand
l'ombre noyait l'ombre, qu'existait-il ? Cet
Akâsha existait sans mouvement. » Le mouvement physique du *Prâna* ne se faisait pas sentir, mais le *Prâna* existait tout de même. Toutes
les énergies actuellement éparses dans l'univers
et que la science moderne nous a fait connaître
sont invariables. La somme totale des énergies
de l'univers reste toujours constante ; seulement,
à la fin d'un cycle, ces énergies s'apaisent, deviennent potentielles et au début du cycle suivant
se réveillent, frappent l'*Akâsha* et, procédant de
celui-ci, se manifestent sous des formes variées ;
à mesure que l'*Akâsha* se modifie, *Prâna* se transforme aussi en toutes les manifestations diverses
de l'énergie. La connaissance et la maîtrise de
ce *Prâna* sont ce que l'on désigne sous le nom
de *Prânâyâma*.

Ceci nous ouvre la porte sur un pouvoir presque illimité. Supposez par exemple, qu'un
homme possédât parfaitement le *Prâna*, et fût
capable de le diriger, quel pouvoir sur terre ne
posséderait-il pas ? Il pourrait déplacer le soleil
et les étoiles et être maître de l'univers tout entier

depuis les atomes jusqu'aux plus grands soleils, parce qu'il posséderait la maîtrise du *Prâna*. Tels sont la fin et le but du *Prânâyâma*. Au Yogi devenu parfait, rien dans la nature ne résistera. Les dieux s'avanceront sur son ordre s'il leur commande de venir à lui, et les disparus apparaîtront s'il lui plaît de le leur enjoindre. Toutes les forces de la nature lui obéiront en esclaves ; et lorsque les ignorants verront la puissance du Yogi ils crieront au miracle. C'est un des traits de l'esprit hindou, qu'il recherche toujours la généralisation la plus complète, avant d'entamer l'examen des détails. Les Vedas posent la question suivante : « Quelle est la chose dont la connaissance équivaut pour nous à la science universelle ? » Ainsi le seul but de tous les livres et de toutes les philosophies que l'on a écrits, a été de déterminer cette chose dont la connaissance confère le savoir universel. L'homme qui aurait la prétention de connaître cet univers dans tous ses détails, devrait examiner individuellement chaque grain de sable, ce qui nécessiterait un temps infini ; la chose est d'ailleurs impossible. Alors, comment savoir ? Comment l'étude des détails peut-elle conduire l'homme à l'universel savoir ? Ces détails, disent les Yogis, cachent une généralisation. Derrière toute idée particulière est une

idée générale, un principe abstrait ; comprenez-
le et vous avez tout compris. C'est ainsi que les
Vedas ont généralisé l'univers entier en une existence absolue. Et qui a compris cette existence,
a compris tout l'univers. Ainsi donc toutes les
forces ont été généralisées en ce *Prâna*, et celui
qui a saisi le *Prâna* est devenu maître de toutes
les forces mentales ou physiques de l'univers.
Quiconque s'est rendu maître du *Prâna* a conquis
sa propre intelligence ainsi que toutes les autres
intelligences du monde. Dominer le *Prâna* c'est
dominer son corps ainsi que tous les autres corps,
parce que *Prâna* est la manifestation généralisée
de la force.

Arriver à la domination du *Prâna*, tel est le
but unique que se propose le *Prânâyâma*. C'est
à cela que tendent tous ses exercices et tous ses
entraînements. Chaque homme doit regarder
d'abord autour de lui et commencer par apprendre
à dominer ce qui l'entoure. Notre corps est ce
qui nous est le plus proche ; rien ne ne nous est
plus proche au monde, et notre pensée est la
pensée qui nous touche de plus près. Le *Prâna*,
qui donne la vie à notre pensée et à notre corps,
est celui de tous les *Prânas* qui est le plus près de
nous. La petite vague du *Prâna* qui représente
nos propres énergies, mentales et physiques, est

de toutes les vagues de l'océan infini de *Prâna*
celle qui nous approche le plus ; nous arrivons à
maîtriser cette petite vague et alors seulement
nous pouvons espérer dominer le *Prâna* tout
entier. Le Yogi qui a pu faire cela, atteint à la
perfection ; il n'est plus alors l'esclave d'aucun
pouvoir. Le voilà devenu presque tout puissant,
presque omniscient. Nous trouvons dans tous les
pays des sectes qui ont tenté de dominer ainsi le
Prâna. Il y a dans ce pays des « mind healers »
des « faith healers » (1) des spirites, des adeptes
de la « christian science », des hypnotiseurs etc. ;
si nous examinons ces sciences diverses, nous
constaterons qu'elles ont une base commune, et
que cette base est — qu'elles le sachent ou
non — la domination du *Prâna*. S'il vous plaisait
de fondre en un creuset toutes leurs théories,
vous verriez que le résidu en serait le même.
C'est par la même force qu'ils opèrent tous, mais
sans le savoir. Ils ont découvert une force, ont
butté contre elle, et ils ignorent de quelle nature
elle est, mais ils usent inconsciemment des mêmes
pouvoirs que le Yogi, pouvoirs qui découlent
du *Prâna*.

Ce *Prâna* constitue la force vitale de chaque

---

(1) Guérisseurs par l'esprit, guérisseurs par la foi.

être, dont la plus subtile et la plus haute manifestation réside dans la pensée. Mais cette pensée elle-même, ainsi que nous le voyons, n'est point tout. Il y a aussi une pensée particulière que nous nommons instinct, pensée inconsciente, et qui est au niveau le plus bas de l'action. Qu'un moustique nous pique, et sans que nous y pensions, automatiquement, instinctivement, notre main l'écrasera. C'est là une manifestation de la pensée. Toutes les actions réflexes du corps appartiennent à ce niveau de la pensée.

La pensée consciente plane plus haut. Je raisonne, je juge, je pense, j'envisage le pour et le contre de certaines choses; ce n'est pourtant pas tout. Nous savons que la raison a ses limites; elle ne peut les dépasser; elle s'y arrête. Le cercle où elle se meut est en vérité extrêmement restreint. Nous voyons pourtant à la fois certains faits qui font irruption dans ce cercle. Ainsi que des comètes, il est des choses qui, pénétrant dans le cercle, arrivent assurément du dehors, bien que notre raison ne puisse concevoir cette zone extérieure. Il faut chercher au dehors les causes de tel phénomène qui se passe dans ces étroites limites. La raison et l'intelligence ne peuvent pas les concevoir: mais, dit le Yogi, ce n'est point tout. La pensée peut exister sous une forme plus élevée encore; celle de la supra-conscience. Quand la pensée a atteint cet état, nommé *Samâdhi*, — concentration parfaite, supra-conscience, — elle franchit les limites de la raison et se trouve en présence de faits que nul instinct, nulle raison ne peuvent jamais connaître. Tous ces exercices des forces subtiles du corps et des diverses manifestations du *Prâna*, donnent, bien conduits, l'essor à la pensée, et l'élèvent plus haut toujours, jusqu'à la supra-conscience; et c'est alors que la pensée agit.

Il y a dans cet univers une masse continue à chaque niveau d'existence. Physiquement parlant, l'univers est un; il n'y a pas de différence entre le soleil et vous. L'homme de science vous dira que prétendre le contraire est une pure fiction. Il n'y a pas de différence véritable entre cette table et moi. La table est un point de l'amas de matière et j'en suis un autre. Chaque forme représente comme un tourbillon dans l'océan infini de la matière et ces tourbillons ne se ressemblent pas toujours. C'est ainsi que, dans un torrent impétueux, il peut y avoir des milliers de tourbillons, dans chacun desquels l'eau à tout instant se renouvelle, tourne sur elle-même pendant quelques secondes, et s'écoule, tandis qu'une eau nouvelle vient à son tour alimenter le tour-

billon; l'univers tout entier est un amas de matière changeant constamment dans laquelle nous
sommes de petits tourbillons. Une certaine quantité de matière entre en nous et tourbillonne
et se transforme en l'espace de quelques années
en un corps humain; puis elle se modifie pour
prendre la forme d'un animal peut-être; de là
elle s'échappe et devient, au bout d'un certain
nombre d'années, un tourbillon nouveau sous la
forme d'une masse minérale. C'est un perpétuel
changement. Aucun corps n'est constant. Votre
corps ou mon corps n'existent qu'en paroles. En
fait il n'y a qu'une seule masse énorme de matière;
et ses diverses parties s'appelleront lune, soleil,
homme, terre, planète, minéral. Aucune d'elles
ne sera constante, car tout change sans cesse;
la matière s'agrège et se désagrège éternellement. De même la pensée. L'éther y représente
la matière; lorsque l'action du *Prâna* est la plus
subtile, ce même éther, dans un mode plus délicat
de vibration, représentera la pensée et il compo-
sera encore alors une masse indivise. Si vous
pouvez atteindre simplement à cette vibration
subtile, vous verrez et vous sentirez que l'univers
entier est composé de ces vibrations subtiles.
Il y a certaines drogues qui ont le pouvoir de
bouleverser en quelque sorte nos sens et qui nous

mettent en cet état. Beaucoup d'entre vous se
souviennent sans doute de cette célèbre aventure
de sir Humphrey Davy, anéanti par le gaz hila-
rant et restant, pendant une conférence, sans
mouvement, stupéfié, puis disant ensuite que
l'univers entier était fait d'idées ; pendant le
temps que dura cet état il semble que les vibrations grossières auraient cessé et que seules,
les vibrations subtiles, auxquelles il donnait le
nom de pensées, lui auraient été sensibles. Il
ne pouvait voir autour de lui que les vibrations
subtiles; tout était devenu pensée, l'univers
entier était un océan de pensée ; il s'était transformé, et tous les autres avec lui, en petits tourbillons de pensée.

Ainsi, même dans l'univers de la pensée, nous
trouvons cette unité, et enfin, quand nous arrivons au Moi, nous savons que le Moi ne peut
être qu'Un. Au delà du mouvement il n'y a que
l'unité. Même dans le mouvement apparent il n'y
a qu'une unité. On ne peut plus nier ces faits que
la science moderne a démontrés. La physique
moderne a également démontré que la somme
totale des énergies qui existent dans l'univers
est constante. Il a été prouvé aussi que la somme
totale de l'énergie se présente sous deux formes :
elle existe d'abord en puissance, puis à l'état de

repos et de calme, puis elle se manifeste sous
toutes ces forces diverses; de nouveau elle re-
tourne à l'état de calme et de nouveau elle se
manifeste. Ainsi l'énergie évolue sans cesse à travers l'éternité; ainsi que nous l'avons déjà dit,
la maîtrise de ce *Prâna* est ce que l'on nomme
Prânâyâma.

Ce *Prânâyâma* s'occupe très peu de la respiration, si ce n'est à titre d'exercice. Le mouvement des poumons est, dans le corps humain, la
manifestation la plus visible de ce *Prâna*; si ce
mouvement cesse, la vie cesse, et toutes les
autres manifestations de forces dans le corps
cessent également. Il y a des personnes qui
arrivent par l'entraînement à faire que leur corps
continue à vivre, même après l'arrêt du poumon. Certains individus peuvent rester enterrés
pendant des mois; ils continuent à vivre sans respirer. Mais, pour le commun des mortels, la respiration constitue le mouvement grossier principal du corps. Pour parvenir aux mouvements
plus subtils, il nous faut nous aider des plus
grossiers comme point de départ, et cheminer
lentement vers les plus subtils jusqu'à ce que
nous ayons atteint notre but. Le plus visible des
mouvements du corps est celui des poumons; il
est comme le volant qui met toutes les autres

forces en marche. En réalité, *Prânâyâma* signifie
la maîtrise de ce mouvement des poumons, lequel est associé à la respiration : et ce n'est pas
que la respiration produise ce mouvement, mais
au contraire ce mouvement qui produit la respiration. Le mouvement aspire l'air à la façon d'une
pompe. *Prâna* fait mouvoir les poumons, et le
mouvement des poumons aspire l'air. De sorte que
Prânâyâma n'est pas la respiration elle-même,
mais la maîtrise du pouvoir musculaire qui met
les poumons en mouvement. Ainsi, ce pouvoir
musculaire, transmis aux muscles par les nerfs,
et par les muscles aux poumons, qu'ils meuvent
d'une manière déterminée, est le *Prâna* qu'il nous
faut savoir dominer pour pratiquer le *Prânâyâma*.
Une fois maîtres de ce *Prâna*, nous nous aperce-
vrons aussitôt que toutes les autres manifestations de *Prâna*, dans le corps, tomberont lentement sous notre contrôle. J'ai vu, de mes yeux,
des hommes qui ont su maîtriser à peu près
tous les muscles de leur corps. Et pour quoi
n'en serait-il pas ainsi ? Si je domine certains de
mes muscles, pourquoi ne pourrais-je pas dominer
tous mes nerfs et tous mes muscles? Quelle im-
possibilité y aurait-il à cela ? Actuellement, cette
domination n'existe plus et le mouvement est
devenu automatique. Nous ne pouvons pas

remuer les oreilles à volonté mais nous savons que les animaux le peuvent. Nous n'avons pas ce pouvoir, parce que nous ne cherchons pas à l'avoir. C'est là tout simplement de l'atavisme.

Nous savons encore que des mouvements qui sont devenus latents peuvent être appelés de nouveau à se manifester. Par un travail assidu et par la pratique, on arrive à se rendre tout à fait maître de certains mouvements du corps, même les plus endormis. En raisonnant de la sorte, nous arrivons à dire qu'il est, non seulement pas impossible, mais encore probable, que nous puissions nous rendre absolument maîtres de chaque partie de notre corps.

Le Yogi y arrive par le *Prânâyâma*. Quelques-uns d'entre vous ont peut-être lu que, selon le *Prânâyâma*, vous devez, quand vous respirez, remplir tout votre corps de *Prâna*. Dans la traduction anglaise, on donne à *Prâna* le sens de respiration, et vous êtes tenté de demander comment il peut en être ainsi. La traduction est mauvaise; on peut remplir chaque partie du corps de *Prâna*, de cette force vitale, et, cela fait, on domine le corps tout entier. Alors, non seulement l'on pourra maîtriser parfaitement toute maladie et toute misère du corps, mais encore sera-t-on capable de dominer le corps d'un autre. Tout est

contagieux en ce monde, le bien comme le mal.
Si votre corps est nerveusement tendu, il sera
porté à produire chez d'autres un état nerveux
semblable au sien. Vous êtes fort et bien portant et ceux qui vivent à vos côtés ont une tendance à devenir eux aussi forts et sains ; soyez
au contraire malade et faible, et votre entourage
tendra à devenir faible et malade comme vous.
Les vibrations de votre corps seront en quelque
sorte transmises à un autre corps. La première
pensée d'un homme qui cherche à en guérir un
autre est simplement de lui transmettre sa propre santé. Et c'est là la forme primitive de l'art
de guérir. Consciemment ou inconsciemment, la
santé peut être transmise. Un homme très robuste
fortifiera l'homme faible auprès duquel il vivra,
que celui-ci le veuille ou non. Cette action est
d'autant meilleure et rapide qu'elle est consciente.
Nous savons que dans certains cas un homme
qui n'est pas très bien portant, peut pourtant
donner de la santé à un autre. Cet homme domine
alors davantage le *Prâna ;* il peut, pour un temps
donné, l'augmenter en quelque sorte, l'amener
à un certain état de vibration et le transmettre
à un tiers.

Il y a eu des exemples de cette action à distance ; mais en réalité il n'existe pas de distance,

si l'on veut attribuer à ce mot le sens d'inter-
ruption, de rupture. Quelle est la distance qui
n'implique pas une solution de continuité ? Y a-t-il
quelque chose de semblable à cela entre vous et
le soleil ? Ce qu'il y a, c'est une masse continue
de matière ; le soleil est un des points de cette
masse et vous un autre. Existe-t-il une interrup-
tion entre les différentes parties d'une même
rivière ? Et alors pourquoi toute force ne pourrait-elle pas se transmettre ? Aucune raison ne
s'y oppose. Les cas où cela se produit sont parfaitement réels, et le *Prâna* peut être transmis à
de très grandes distances ; seulement, pour un
cas de transmission véritable, il y a des centaines
de tromperies. La chose n'est pas aussi facile
qu'elle le semble. Vous pouvez constater que
dans les cas les plus fréquents de guérison, les
guérisseurs profitent simplement de la santé généralement bonne du corps humain. Il n'existe
pas de maladie qui tue la majorité des personnes
qu'elle frappe. Même pendant une épidémie de
choléra, si, pendant quelques jours, la mortalité
atteint 60 p. 100, le nombre des décès tombe bientôt à 30 ou à 20 p. 100, et le surplus des malades
se rétablit. Voici un médecin allopathe, qui pres-
crit sa médication ; en voici un autre, homéopathe,
qui, à son tour, donne ses conseils et guérit

peut-être plus de malades parce qu'il n'a pas troublé leur économie et qu'il a laissé la nature faire son œuvre; le guérisseur par la foi réussira mieux encore parce qu'il apportera la force de sa pensée pour aider à supporter le mal; il stimulera, par la foi, le *Prâna* engourdi du patient.

Mais les guérisseurs par la foi commettent constamment une erreur : ils croient que c'est la foi elle-même qui guérit directement le malade. Elle ne suffit pas à elle seule. Il y a certaines maladies, dont la pire manifestation consiste en ce que le malade ne s'en croit pas atteint. Cette profonde croyance du malade est, en soi, un des symptômes de son mal, et indique en général qu'il mourra promptement. Le principe de la guérison par la foi n'est pas applicable à des cas pareils. Si la foi pouvait guérir tous les cas, elle guérirait bien ceux-là aussi. Mais c'est le *Prâna* qui est la source de la véritable guérison. L'homme pur, qui a dominé ce *Prâna*, peut provoquer chez ce dernier un certain état de vibration, transmissible à d'autres, et qui éveille en eux des vibrations similaires. L'on constate cela dans les événements de tous les jours. Je suis en train de vous parler. Quel est mon but? Il est, pour ainsi dire, de chercher à mettre ma pensée en un certain état de vibration; et plus j'y réussis, plus je vous impressionne par le langage que je vous tiens. Vous savez bien tous que ce sont les jours où je suis le plus enthousiaste, que vous jouissez le plus de nos causeries ; lorsque je le suis moins, au contraire, votre intérêt semble faiblir.

Les êtres doués de formidables forces de volonté, ceux qui remuent le monde, peuvent porter leur Prâna à un état de vibration intense, si forte, si puissante qu'elle subjuge les autres en un instant ; ces êtres attirent alors à eux des milliers de gens, et la moitié du monde adopte leur pensée. Les grands prophètes possédaient au plus haut degré la maîtrise du *Prâna*, et c'est ce qui leur donnait une force de volonté considérable. Leur *Prâna* avait atteint son plus haut degré de vie, et il en résultait pour eux le pouvoir d'entraîner le monde. Toutes les manifestations de puissance naissent de cette domination. Les hommes peuvent en ignorer les causes secrètes ; telle est pourtant la seule et véritable explication.

Parfois, la provision de *Prâna* qui est en nous afflue plus ou moins vers tel ou tel point de notre corps, l'équilibre est alors rompu, et de cette rupture de l'équilibre du *Prâna* s'ensuit un état particulier que nous nommons « maladie ». Pour guérir cette maladie, il faut ou supprimer le *Prâna* superflu, ou en fournir là où il manque. Et c'est encore *Prânâyâma* qui nous enseigne à reconnaître qu'en telle ou telle partie du corps il y a trop ou trop peu de *Prâna*. Nos sensations deviendront si subtiles et si fines qu'il nous sera permis de sentir qu'il y a dans notre orteil ou notre doigt moins de *Prâna* qu'il y en devrait avoir et de leur fournir ce qui en manque. Telle est une des fonctions variées du *Prânâyâma*. On ne peut apprendre ces fonctions que lentement et graduellement. Le grand but de Râja Yoga est donc, vous le voyez, d'enseigner la maîtrise et la domination du *Prâna* sous ses formes diverses. Un homme, en concentrant ses énergies, devient maître de son propre *Prâna*. La méditation est aussi, chez l'homme, une manière de concentrer le *Prâna*.

L'océan est formé de vagues énormes semblables à des montagnes, de vagues moins grosses, puis de plus en plus petites, jusqu'à n'être plus que de simples ondulations, mais au fond des unes comme des autres est l'océan infini. L'ondulation d'une part, la vague immense d'autre part, se rattachent toutes deux à l'océan infini. De même, le géant et le nain se rattachent tous deux à l'océan infini de l'énergie ; ceci constitue

le droit commun de toute créature. Toute manifestation de la vie cache une provision d'énergie
infinie. C'est, à l'origine, un peu de fange, ou
quelque toute petite bulle microscopique, qui
puise sans cesse à cette inépuisable source d'énergie, et qui lentement, très lentement, se transforme, pour devenir, grâce au temps, d'abord
une plante, puis un animal, puis ensuite un
homme, et finalement Dieu. Il faut des millions
d'œons pour en arriver là, mais qu'est-ce que le
temps ? Une course plus rapide, une lutte plus
intense peuvent diminuer d'autant la distance.

Le Yogi dit que tel travail qui, normalement,
demande beaucoup de temps, pourra être accompli d'autant plus vite que l'effort sera plus
intense. L'homme qui puisera lentement et sans
cesse, dans la masse infinie, l'énergie qui existe
dans l'univers, mettra cent mille ans peut-être,
pour devenir un deva, cinq cent mille pour
monter plus, et, qui sait ? cinq millions d'années
pour devenir parfait. Plus il s'élèvera vite, moins
il lui faudra de temps pour atteindre ce but.
Pourquoi n'arriverait-il pas à la perfection en
six mois ou en six ans ? Il n'y a pas de limita-
tion de temps pour cela et l'expérience le prouve.
Voilà une machine qui, avec une certaine quantité de charbon, parcourt deux lieues à l'heure ;

donnez-lui plus de charbon et elle fera la route
en moins de temps. De même, pourquoi notre
âme ne pourrait-elle pas, en intensifiant son
action, atteindre au but dans la vie présente ?
Tous les êtres finiront par s'élever à la perfection que nous connaissons. Mais qui se soucie
d'attendre tous ces millions d'œons ? Pourquoi
n'atteindrait-on pas le but immédiatement, dans
ce corps-ci, sous la forme humaine ? Pourquoi
dès maintenant la science infinie, l'infini pouvoir ne me seraient-ils pas donnés ?

Tel est l'idéal du Yogi ; toute la science de Yoga
tend vers ce seul but : apprendre aux hommes à
gagner du temps en augmentant l'effort ; à rendre
le pouvoir d'assimilation plus intense et à abréger
de la sorte le temps qu'il faut pour atteindre à la
perfection, au lieu d'avancer à petits pas en attendant que toute l'humanité se soit développée
et soit devenue parfaite. Que sont tous les grands
prophètes, les saints, les voyants de ce monde ?
Ils ont, dans l'espace d'une simple vie, vécu
toute la vie de l'humanité, franchi tout le temps
qu'il faut à l'humanité normale pour atteindre à
la perfection. En cette vie ils se perfectionnent
eux-mêmes, ils n'ont point d'autres pensées, res-
pirent dans ce seul espoir, et ne vivent jamais
un instant pour une autre idée ; ils abrègent ainsi

le chemin. Voilà ce que veut dire « se concentrer », rendre l'action ou l'assimilation intense
et gagner du temps. Or, Râja Yoga est la science
qui nous apprend à acquérir la puissance de concentration.

Quel rapport y a-t-il entre le *Prânâyâma* et
le spiritisme ? Le spiritisme est aussi une manifestation du *Prânâyâma*. S'il est vrai que les
esprits des morts existent, sans que nous puissions les voir, il est tout à fait probable que des
centaines et des millions d'entre eux vivent ici
même et que nous ne pouvons ni les voir, ni les
sentir, ni les toucher. Peut-être ne cessons-nous
pas de passer et de repasser par leurs corps, et
peut-être aussi ne nous sentent-ils et ne nous
voient-ils pas. C'est un cercle dans un cercle, un
univers dans un univers. Seuls peuvent se voir
ceux qui sont sur le même plan. Nous avons cinq
sens et chacun de nous représente le *Prâna* dans
un état déterminé de vibration. Tous les êtres
dont l'état de vibration sera semblable se verront
entre eux, mais ceux dont le *Prâna* vibrera à un
degré plus élevé échapperont à la vue des
premiers. Nous pouvons accroître l'intensité de
la lumière jusqu'à ce qu'il nous devienne impossible de voir, mais il peut y avoir des êtres
au regard assez puissant pour supporter l'éclat

de cette lumière. Aussi bien, quand les vibrations sont très faibles, y a-t-il certaine lumière que nous n'arrivons pas à discerner, tandis qu'il est des animaux, comme les chats ou les hiboux qui le peuvent; notre limite de vision correspond à un niveau différent du *Prâna*. L'atmosphère, par exemple, se compose de couches superposées; mais les couches les plus proches de la terre sont plus denses que les couches supérieures, et l'atmosphère devient de plus en plus légère à mesure que vous vous élevez. Plus l'on descend profondément dans l'océan et plus la densité de l'eau augmente; les animaux qui vivent au fond de la mer ne peuvent monter à sa surface, car ils y périraient.

Représentez-vous l'univers tout entier comme un océan d'éther, qui vibre sous l'action du *Prâna*, et qui est formé de couches superposées vibrant chacune plus ou moins intensément; dans les couches extérieures, les vibrations sont moindres; elles deviennent de plus en plus rapides à mesure que l'on s'approche du centre et et chaque catégorie, ou mode de vibration, constitue un plan. Figurez-vous tout cela comme un cercle dont le centre serait la perfection; plus vous vous éloignez du centre, plus les vibrations se ralentissent. L'écorce extérieure est la matière,

puis vient l'intelligence, enfin l'esprit, qui forme
le centre. Supposez ensuite que ces étendues de
vision soient découpées en tranches, une catégorie de vibrations se produisant à tant de millions de lieues, une autre à tant de millions de
lieues plus haut, et ainsi de suite. Il est parfaitement certain alors que ceux qui vivent au niveau
qui répond à un certain état de vibrations auront
le pouvoir de se reconnaître les uns les autres,
mais ne pourront reconnaître ceux qui se trouvent
au-dessus ou au-dessous d'eux. Cependant, de
même qu'au moyen du télescope ou du micros-
cope nous pouvons accroître l'intensité de notre
vue, et voir des vibrations plus ou moins nombreuses, de même chaque homme peut s'amener lui-même à l'état de vibration de la catégorie
voisine et voir ainsi ce qui s'y passe. Supposez
que cette pièce soit pleine d'êtres que nous ne
voyions pas. Ils représentent certaines vibrations dans le *Prâna* et nous en représentons
d'autres. Admettez encore qu'ils représentent les
vibrations rapides et nous les lentes. Ils sont
composés de *Prâna*, au même titre que nous ;
eux et nous faisons partie du même océan de
Prâna, et seule l'intensité des vibrations diffère.
Si je peux arriver à vibrer plus rapidement, je
changerai immédiatement de niveau ; je ne vous

verrai plus, vous disparaîtrez pour moi et les
autres se montreront à mes yeux. Quelques-uns
parmi vous savent peut-être que ce que je vous
dit est vrai. Dans le Yoga, le fait d'amener l'intelligence à un état de vibrations supérieures, s'exprime par le mot *Samâdhi*. Tous ces états de
vibrations supérieures, de vibrations sub-cons-
cientes de l'intelligence, sont groupés en ce seul
mot : *Samâdhi* et les états inférieurs de *Samâdhi* nous font voir ces êtres. Dans l'état le plus
élevé de *Samâdhi* nous voyons la vraie chose,
nous voyons de quelle manière sont composés
ces êtres à tous les degrés ; et quand nous connaissons ce morceau d'argile que voici, nous connaissons toute l'argile de l'univers.

Nous voyons ainsi que le *Prânâyâma* renferme
tout ce qui est vrai, même dans le spiritisme. De
même vous remarquerez que toujours, là où une
secte ou une association cherche à découvrir
quelque chose d'occulte, de mystique ou de caché,
c'est toujours ce Yoga, cette tentative de dominer
le *Prâna* qui s'exerce. Vous verrez que chaque
fois qu'il se produit une manifestation de pouvoir
extraordinaire, c'est ce *Prâna* qui est en jeu. Les
sciences physiques elles-mêmes peuvent être
comprises aussi dans le *Prânâyâma*. A quoi est
dû le mouvement de la machine à vapeur ? Au

4

Prâna agissant par la vapeur. Que sont tous ces phénomènes électriques sinon le *Prâna ?* Qu'est-ce que la science physique? C'est le *Prânâyâma* par des moyens extérieurs. Le *Prâna* lorsqu'il se manifeste comme un pouvoir mental ne peut être dominé que par des moyens mentals. La partie du *Prânâyâma* qui tente de dominer les manifestations physiques de *Prâna*, par des moyens physiques, se nomme « science physique » et la partie du *Prânâyâma* qui tâche de dominer les manifestations de *Prâna* comme force mentale, par des moyens métaphysiques, s'appelle *Râja Yoga.*

CHAPITRE IV

LE PRÂNA PSYCHIQUE

Les Yogis disent que l'épine dorsale est le siège de deux courants nerveux auxquels ils donnent les noms d'*Idâ* et de *Pingalâ*.

Ils nomment *Sushumnâ* un canal creux qui en forme le centre. A l'extrémité inférieure de ce canal se trouve ce qu'ils appellent le « *Lotus du Kundalinî* ». Ils le décrivent comme étant d'une forme triangulaire et disent qu'il renferme un pouvoir que le langage symbolique des Yogis désigne sous le nom de « *Kundalinî* ». Lorsque *Kundalinî* s'éveille, il cherche à se frayer un passage dans le canal central (*Sushumnâ*); il chemine petit à petit et, à mesure qu'il s'élève, la pensée se développe progressivement, l'intelligence s'ouvre, et des aperçus divers, des pouvoirs merveilleux viennent alors au Yogi. Quand *Kunda-*

lint gagne enfin le cerveau, le Yogi est parfaitement détaché de son corps et de son intelligence,
son âme est libre. Nous savons que l'épine dorsale est construite d'une manière très spéciale. Si
nous traçons un huit horizontalement (∞) nous
remarquons qu'il se compose de deux corps dis·
tincts, qui se touchent. Empilons des huit les uns
sur les autres, et nous aurons l'image de la chaîne
formée par la colonne vertébrale. Les corps su-
perposés de gauche constituent l'*Idâ;* ceux de
droite le *Pingalâ,* et le canal creux, centre de
l'épine dorsale, est le *Sushumnâ.* Là où celle-ci se
termine près de quelque vertèbre lombaire, une
fibre délicate en descend, et le canal à travers
cette fibre même se continue, mais beaucoup plus
étroit. Il est fermé à son extrémité inférieure qui
est située près de ce qu'on nomme le plexus sacré, et auquel la physiologie moderne donne
une forme triangulaire. Les différents plexus qui
ont leur centre dans la colonne vertébrale peuvent très bien représenter les différents « lotus »
du Yogi.

Le Yogi reçoit ses conceptions de plusieurs
centres différents; d'abord le *Mûlâdhârâ,* qui est
la base et, pour finir, le *Sahasrâra,* le lotus aux
mille pétales qui aboutit au cerveau. De sorte
que, si nous admettons que ces différents plexus

représentent des cercles, le langage de la physiologie moderne nous permet d'expliquer très
aisément ce qu'est le Yogî. Nous savons que
dans ces courants nerveux il se produit deux
sortes d'actions, l'une afférente, l'autre efférente;
l'une sensorielle, l'autre motrice; l'une centri-
pète, l'autre centrifuge. L'une porte les sensations
au cerveau, et l'autre les porte du cerveau au
corps. En somme toutes ces vibrations sont en
relation avec le cerveau. Pour que les explications qui vont suivre nous soient plus compré-
hensibles nous devons nous souvenir de plusieurs autres faits. La colonne vertébrale prend
fin au cerveau, sous l'aspect d'une espèce de
bulbe, qui renferme la moelle et qui est indépen-
dante du cerveau, quoique flottant dans un liquide contenu dans ce dernier, liquide qui
amortit tout choc reçu à la tête et garantit le bulbe.
C'est là un fait dont nous verrons plus loin l'importance. Nous devons de plus nous rappeler que,
de tous les centres, nous devons en considérer
tout particulièrement trois : le *Mûlâdhâra* (la
base), le *Sahashrâra* (le lotus aux milles pétales
du cerveau) et le *Svâdhishtâna* (l'ombilic).
Voici maintenant un phénomène emprunté à la
physique. Nous entendons tous parler d'électricité et des diverses autres forces qui s'y ratta-

4.

chent. Nul ne sait ce qu'est l'électricité, mais on la considère en général comme un mouvement d'une espèce particulière.

Il y a diverses autres formes du mouvement dans l'univers; en quoi diffèrent-ils de l'électricité? Supposons que cette table soit douée d'un mouvement propre et que les molécules qui la composent se meuvent dans des sens différents; que toutes ces molécules soient amenées à se déplacer dans la même direction et nous aurons de l'électricité. L'électricité résulte du déplacement de toutes les molécules dans une même direction. Si, dans une salle, on faisait mouvoir toutes les molécules de l'air dans un même sens on aurait transformé la pièce en une gigantesque batterie électrique. Ne perdons pas non plus de vue que, physiologiquement, le centre qui commande au système respiratoire a une action de contrôle sur les courants nerveux, et que ce centre qui régit la respiration, se trouve dans la colonne vertébrale, au niveau du thorax. Ce centre de qui dépendent les organes respiratoires exerce également son influence sur les centres secondaires.

Nous allons voir maintenant pourquoi il y a lieu de s'exercer à la respiration. D'abord, la respiration rythmique imprime à toutes les molécules du corps une tendance à se mouvoir dans une même direction. Lorsque la pensée se transforme en volonté, les courants changent et adoptent un mouvement semblable à celui de l'électricité, parce que les nerfs ont témoigné de leur polarité sous l'action de courants électriques.

Et ceci démontre que lorsque la volonté pénètre les courants nerveux, elle se transforme en quelque chose qui ressemble à de l'électricité. Le corps, lorsque tous ses mouvements sont parfaitement rythmés, semble s'être transformé en une énorme batterie de volonté ; et c'est précisément cette volonté formidable que recherche le Yogi. Voilà donc une explication physiologique de l'exercice respiratoire. Celui-ci veut reproduire une action rythmée du corps et nous aide par l'intermédiaire du centre respiratoire à dominer les autres centres. Ici, le but de *Prânâyâma* est d'éveiller le pouvoir nommé *Kundalînî*, qui sommeille en *Mâlâdhâra*.   •

Il nous faut concevoir dans l'espace tout ce que nous voyons, tout ce que nous imaginons, ou tout ce que nous rêvons. Cet espace ordinaire se nomme *Mahâkâsha* ou grand espace. Lorsqu'un Yogi lit les pensées des hommes ou lorsqu'il perçoit des objets qui échappent à nos sens, il les voit dans un espace différent du nôtre nommé

Chittâkâsha ou région du mental. Lorsque la perception est devenue immatérielle, et que l'âme brille par elle-même, l'espace qui la concerne prend le nom de *Chidâkâshâ* ou région du savoir. Lorsque *Kundalinî* est éveillé, et qu'il pénètre le canal de *Sushumnâ*, la région du mental est le siège de toutes les perceptions. Lorsqu'il a atteint l'extrémité du canal qui aboutit au cerveau, la perception immatérielle s'effectue dans la région du savoir. Pour continuer notre comparaison avec l'électricité, nous dirons que l'homme ne peut envoyer un courant qu'au moyen d'un fil, mais que la nature n'a pas besoin de fils pour envoyer ses courants les plus puissants. Ce qui prouve que le fil n'est pas réellement indispensable, mais que nous sommes contraints de nous en servir parce que nous ne savons pas nous en passer.

C'est ainsi que toutes les sensations, tous les mouvements du corps sont communiqués au cerveau ou dictés par lui au moyen de ces fils faits de fibres nerveuses. Les fibres sensorielles ou motrices qui partent de la colonne vertébrale sont l'*Idâ* et le *Pingalâ* des Yogis. Ce sont les voies principales par lesquelles se meuvent les courants ascendants ou afférents et descendants ou efférents. Mais pourquoi la pensée ne pour-

rait-elle pas se transmettre et réagir sans l'aide
de fils ? Ainsi fait la nature. Le Yogi dit que si
vous parvenez à en faire autant, vous serez af-
franchi de l'esclavage de la matière, mais comment ? Si vous réussissez à faire passer le courant à travers le *Sushumnâ*, ou canal qui se trouve
au centre de l'épine dorsale, vous aurez résolu
le problème. C'est la pensée qui a tressé le réseau
du système nerveux, c'est à la pensée de le détruire, de manière qu'aucun fil ne soit plus nécessaire pour le traverser. Alors seulement nous
pourrons tout connaître ; plus d'esclavage du
corps ! et voilà pourquoi il importe si fort que
vous vous rendiez maître de votre *Sushumnâ*.

Chez le commun des mortels, ce *Sushumnâ* est
fermé à l'extrémité inférieure ; nul mouvement
ne le traverse. Le Yogi indique un moyen de
l'ouvrir et de permettre alors aux courants nerveux de s'y livrer passage. Lorsqu'un centre
reçoit une sensation, il réagit. Si cette réaction
se produit sur un centre automatique, elle
amène un mouvement. Quand elle se produit
sur un centre conscient, elle provoque d'abord
la perception et puis le mouvement. Toute perception est la réaction d'une action qui vient de
l'extérieur. Comment se fait-il alors que les perceptions puissent se produire dans les rêves ? Il

n'existe en ce cas aucune action venant du dehors.
Les mouvements dus aux sens sont donc emma-
gasinés quelque part, de même que l'on sait divers centres être le siège des causes du mouvement. Par exemple, je vois une ville ; je l'aper-
çois grâce à la réaction des sensations produites
par les objets extérieurs qui la composent, les
mouvements des nerfs apportant les sensations ;
ce mouvement né lui-même de la vision de la ville
a produit un certain mouvement dans les molécules du cerveau. Or, je peux, même après un
long laps de temps, me rappeler la ville. La mémoire qui m'a servi en cette occasion est, quoique plus faible, toute semblable à l'autre. Mais
à quoi faut-il attribuer cette présence dans le
cerveau de vibrations similaires, quoique moins
puissantes ? Certainement pas aux sensations
primitives. Il faut donc que ces sensations aient
été mises en réserve quelque part, pour produire
par leur action la réaction affaiblie qui a nom
« rêve ». *Mulâdhârâ* est le nom que l'on a donné
au centre où toutes ces sensations résiduaires
semblent être emmagasinées, c'est le récep-
tacle fondamental ; et l'énergie accumulée en vue
de l'action prend le nom de *Kundalinî :* ce qui
a été ramassé, réuni. Il est très vraisemblable
aussi que le reliquat d'énergie motrice est égale-

ment mis de côté dans ce même centre, car après
un travail assidu ou une longue méditation
sur des objets extérieurs, la partie du corps où
siège *Mulâdhârâ* (le plexus sacré probablement)
s'échauffe.

Or, si l'on réveille cette réserve d'énergie, si
on l'active, et si par une volonté consciente on
la dirige à travers le canal *Sushumnâ*, elle agira
successivement sur tous les centres et une violente réaction se produira.

Lorsqu'une faible parcelle de l'énergie d'action
chemine le long d'un nerf et provoque la réaction
des centres, la perception qui s'en suit constitue
le rêve et l'imagination. Mais lorsque la grande
masse de cette énergie emmagasinée, grâce aux
longues méditations profondes, voyage à travers le
Sushumnâ et vient frapper les centres, la réaction est violente, immensément supérieure à
celle d'où naît le rêve ou l'imagination, infini-
ment plus intense que la réaction due à la perception sensorielle. Et c'est alors la perception
supra-sensorielle, et la pensée se transforme en
supra-conscience. Et quand le centre de toutes
les sensations est atteint, le cerveau, le cerveau
tout entier, semble réagir ainsi que chaque mo-
lécule du corps ; réaction qui a pour conséquence
le tout-puissant éclat de l'illumination, la per-

ception du *Soi*. A mesure que la force *Kundalinî* chemine de centre en centre, les cellules
successives de la pensée s'ouvrent l'une après
l'autre et le Yogî perçoit l'univers en sa forme
subtile ou grossière. C'est alors seulement qu'il
connaîtra les causes de cet univers tant en sensation qu'en réaction, et c'est cette connaissance
qui est la base de tout le savoir. On connaît les
causes, on est sûr des effets.

L'éveil de *Kundalinî* est la seule et unique
voie qui conduise à la science divine et à la perception supra-consciente qui est la réalisation
de l'esprit. Il y a divers moyens de provoquer cet
éveil : l'amour de Dieu, la grâce de quelque
sage accompli, ou la puissance de volonté ana-
lytique du philosophe. Chaque fois qu'il y a manifestation de ce qu'on a coutume de nommer :
pouvoir ou science surnaturelle, c'est qu'il a dû y
avoir passage d'un petit courant de *Kundalinî* à
travers le *Sushumnâ*. Seulement, dans la grande
majorité de ces cas surnaturels, a eu recours,
par ignorance, à quelque pratique mettant en
liberté une faible fraction des réserves de Kundalinî. Toute adoration mène consciemment ou
inconsciemment à cette fin. L'homme qui croit
recevoir des réponses à ses prières, ignore que
si elles ont été exaucées, c'est uniquement à

lui qu'il le doit, et qu'il a réussi, par sa prière mentale, à éveiller une parcelle de ce pouvoir infini qu'il possède en réserve. Celui que l'homme en son ignorance adore sous des noms variés, dans la crainte et dans le trouble, n'est pas, selon le Yogi, autre chose que le pouvoir réel, en puissance dans tout être, la mère du bonheur éternel, si toutefois nous savons la découvrir. Et *Râja Yogâ* est la science de la religion, l'explication de toute adoration, de toutes prières, de toutes formes, de toutes cérémonies, de tous miracles.

CHAPITRE V

LA DOMINATION DU PRÂNA PSYCHIQUE

Nous allons parler maintenant des exercices du *Prânâyâma*. Nous avons déja vu que, selon les Yogis, le premier pas consiste à apprendre à se rendre bien maître des mouvements du poumon. Notre but est d'arriver à percevoir les fonctions plus délicates de notre corps. Nos intelligences se sont extériorisées et ont perdu de vue les mouvements subtils internes. Commencer à les ressentir c'est commencer à s'en rendre maître. Les courants nerveux sillonnent en tous sens notre corps. Ils apportent aux muscles la vie et la force, et leur action nous échappe, nous ne les sentons pas. Le Yogi dit que nous pouvons apprendre à nous en rendre compte. Par quel moyen ? En dominant tous les mouvements du *Prâna*, ceux des poumons, d'abord. Quand nous

aurons fait cela pendant un temps suffisamment
long, nous devrons être en état de dominer aussi
les mouvements subtils.

Nous arrivons à présent aux exercices de *Prânâyâma*. Il faut être assis très droit, la moelle
épinière, quoique à l'intérieur de la colonne vertébrale, n'y adhère pas. Si vous vous asseyez de
travers, vous la déplacez ; et il importe qu'elle
soit libre de tout contact. Chaque fois que vous
essayez de méditer en étant assis, courbé et
ramassé sur vous-même, vous vous faites du mal.
Il vous faut maintenir la poitrine, le cou et la
tête en une ligne parfaitement droite. Vous y arriverez en vous y exerçant et cela vous sera aussi
facile que de respirer. Dominer ses nerfs est le
second but à atteindre. La respiration rythmée
s'impose ici, car nous avons vu que le centre
nerveux qui régit les organes respiratoires a
une espèce d'influence directrice sur tous les
autres nerfs. Respirer comme nous le faisons
d'habitude, n'est, à vrai dire, rien moins que respirer ; nous respirons très irrégulièrement.

Il y a, de plus, des différences naturelles entre
la façon de respirer de l'homme et celle de la
femme.

La première leçon nous enseigne à respirer
rythmiquement, aspirer et expirer, ce qui harmo-

nisera le système. Après avoir pratiqué cet exercice pendant un certain temps, vous ferez bien d'y
adjoindre la répétition de quelques mots tels que
« Om » ou tout autre vocable sacré, que vous
émettrez tout naturellement, en aspirant et en
expirant d'une manière rythmée, harmonieuse;
vous constaterez alors que tout votre corps devient
rythmique, et vous saurez vraiment ce qu'est le
repos. Le sommeil n'en est pas un en comparaison de celui que vous acquerrez ainsi. Vous aurez
l'impression de ne vous être jamais réellement reposé auparavant, et lorsque vous con-
naîtrez ce repos vous éprouverez l'apaisement
complet de vos nerfs, même les plus fatigués.
Aux Indes, au lieu de compter un, deux, trois,
quatre, nous nous servons de certains mots sym-
boliques. C'est pourquoi je vous engage à
joindre à *Prânâyâma* la répétition mentale du
mot « Om » ou de quelque autre saint vocable.

Le premier effet de cette pratique respiratoire
sera de modifier la physionomie ; les traits durs
s'adouciront ; le calme de la pensée donnera le
calme du visage. Ensuite, la voix deviendra harmonieuse. Je n'ai jamais connu de Yogî à la
voix rude. Ces changements se produiront après
quelques mois de pratique. Après avoir pendant
quelques jours pratiqué le premier exercice res-

piratoire, vous en essaierez un second plus
compliqué. Remplissez lentement vos poumons
d'air que vous aspirerez par l'*Idâ*, la narine
gauche, et, en même temps, concentrez votre
pensée sur le courant nerveux. Vous envoyez
ainsi, en quelque sorte, le courant nerveux du
haut en bas de la colonne vertébrale, en frappant violemment sur le dernier plexus, le lotus
basique de forme triangulaire, siège du *Kundalinî*. Conservez ainsi le courant pendant quelque temps. Imaginez que vous attirez lentement
ce courant avec la respiration, de l'autre côté,
puis doucement expirez par la narine droite.
Vous trouverez cet exercice un peu difficile.
Pour le faciliter, bouchez la narine droite en y
appuyant le pouce, et respirez alors lentement
par la narine gauche ; à ce moment bouchez les
deux narines avec le pouce et l'index ; imaginez
que vous faites descendre le courant et que vous
frappez la base du *Sushumnâ* ; cessez ensuite
d'appuyer le pouce et expirez par la narine
droite. Respirez ensuite lentement par cette
même narine en fermant l'autre au moyen de
l'index, puis rebouchez les deux comme précédemment. Pour les gens de ce pays il est malaisé
de faire cet exercice avec autant de facilité que
les Hindous qui y sont éduqués dès l'enfance et

dont les poumons y sont habitués. Ici, le mieux
serait de commencer par quatre secondes et de
progresser doucement. Aspirez pendant quatre
secondes, retenez votre souffle pendant seize
secondes, puis rejetez l'air en huit secondes. Cet
exercice constitue un *Prânâyamâ.* Tout en vous
y livrant songez au triangle, concentrez votre
pensée sur ce centre. L'imagination peut vous y
aider énormément. L'exercice respiratoire suivant consiste à aspirer lentement puis à expirer
aussitôt, et à rester alors sans souffle et pendant
le même temps que précédemment. La seule différence est que, dans le premier exercice, on re-
tenait son souffle, tandis que dans le second on le
chasse. Ce dernier exercice est d'une exécution
plus facile que le premier. Il ne faut pas abuser
de celui qui consiste à garder l'air dans les poumons. Au début, ne l'appliquez pas plus de quatre
fois le matin et quatre fois le soir; plus tard
vous augmenterez ce chiffre avec la durée de
chaque exercice. Vous vous apercevrez que cela
vous est possible et vous y prendrez goût. Alors,
vous irez encore en augmentant, avec lenteur et
précaution, vous basant sur votre force et vous
arriverez à six répétitions de l'exercice au lieu
de quatre. Mais si vous pratiquez sans méthode,
vous risquez de vous faire du mal.

Des trois procédés qui ont pour but la purification des nerfs, ceux qui consistent à garder
l'air inspiré et à le chasser à peine reçu, pour
demeurer quelques instants les poumons vides,
ne sont ni l'un ni l'autre dangereux ou difficiles. Plus vous pratiquerez le premier et plus
vous deviendrez calme. Pensez à « Om » et vous
pourrez vous exercer tout en travaillant à autre
chose. Vous en ressentirez le bienfait. Si vous
pratiquez assidûment, un beau jour le *Kundalinî* s'éveillera. Ceux qui pratiquent une ou deux
fois par jour y gagneront un peu de calme
corporel et spirituel et leur voix deviendra superbe ; pour ceux-là seuls qui pourront pousser
plus avant cet exercice, le *Kundalinî* s'éveillera,
la nature entière commencera à se transformer
pour eux, et le livre de la science leur sera
ouvert. Ils n'auront pas besoin d'avoir recours
aux livres pour savoir ; leur propre pensée
sera devenue leur livre et contiendra la science
infinie. J'ai déjà parlé des courants *Idâ* et *Pingalâ*, qui coulent de chaque côté de la colonne
vertébrale ainsi que du *Sushumnâ*, canal longi-
tudinal au centre de l'épine dorsale. Tous trois
se rencontrent chez tous les animaux ; toute
créature munie d'une colonne vertébrale possède ces trois courants d'actions ; mais le Yogî

affirme que, chez l'homme ordinaire, le *Sushumnâ*
est bouché, que l'action n'y est pas certaine,
tandis qu'elle est évidente dans les deux autres
canaux distributeurs de force aux différentes
parties du corps.

Chez le Yogî seul, le *Sushumnâ* est ouvert.
Lorsqu'il s'ouvre et que la pensée commence à
s'élever en lui, nous passons à un état qui est
au delà des sens ; nos intelligences deviennent
supra-sensorielles, supra-conscientes, nous ga-
gnons des hauteurs qui dominent l'intelligence
et auxquelles le raisonnement ne peut atteindre.
Le but principal du Yogî est d'ouvrir ce *Sushumnâ*, le long duquel, selon lui, sont rangés les
centres de distribution, que, dans un langage
plus imagé, les Yogîs nomment les lotus. Le plus
bas est placé à l'extrémité inférieure de la colonne vertébrale et se nomme *Mûlâdhâra* ; le
suivant s'appelle *Svâdishtâna*, l'autre *Manipûra*,
l'autre encore *Anâhata*; celui d'après *Vishuddha*,
puis *Ajna* et le dernier enfin, qui est dans le cerveau, porte le nom de *Sahashrâra*, signifiant « qui
a mille pétales ». Nous n'avons besoin en ce moment de nous occuper que de deux de ces centres,
du plus bas ou *Mûlâdhâra*, et du plus élevé ou
Sahashrâra. C'est dans le centre inférieur que
s'emmagasine toute énergie et c'est de là qu'elle

doit monter jusqu'au dernier centre, le cerveau De toutes les énergies contenues dans le corps humain, les Yogis prétendent que celle qu'ils nomment *Ojas* est supérieure aux autres. Or cet *Ojas* est en réserve dans le cerveau; aussi, plus la tête d'un homme contient d'*Ojas*, et plus cet homme est puissant, intellectuel et de forte spiritualité. L'action de l'*Ojas* peut avoir des effets comme celui que je vais dire : Voici un homme qui parle un langage superbe et qui exprime des pensées admirables ; il ne parvient pourtant pas à émouvoir ses auditeurs ; et voici un autre homme, qui ne parle pas un langage superbe et n'exprime pas de magnifiques pensées, mais dont la parole charme. C'est là un des effets d'*Ojas* qui s'extériorise. Chaque mouvement émanant de cet homme sera puissant.

L'humanité détient une réserve plus ou moins grande d'*Ojas*. Toutes les forces supérieures qui agissent dans le corps se transforment en *Ojas*. Souvenez-vous que ce n'est là qu'une question de transformation. La même force qui, au dehors, produit l'électricité ou le magnétisme, se transforme en force interne ; les mêmes forces qui produisent l'énergie musculaire se transforment en *Ojas*. Selon les Yogis, l'espèce d'énergie humaine qui se manifeste par le sexe

dans la fonction sexuelle peut aisément se transformer en *Ojas*, si elle est enrayée, dominée, et,
comme toutes ces fonctions dépendent du centre
le plus bas, c'est celui-là que le Yogi surveille
particulièrement. Il s'efforce de recueillir toute
cette énergie sexuelle et de la transformer en
Ojas. Seuls l'homme et la femme chastes peuvent
faire affluer l'*Ojas* dans leur cerveau, et c'est pourquoi la chasteté a toujours été considérée comme
la vertu la plus haute; l'homme sent en effet
que, s'il n'est pas chaste, la spiritualité l'abandonne; il perd de sa vigueur mentale et de sa
force morale. Voilà la raison qui fait que tous
les ordres religieux du monde qui ont produit
des géants sous le rapport spirituel, insistent
toujours sur l'obligation d'une chasteté absolue.
Voilà pourquoi les moines ont renoncé au mariage.
La chasteté parfaite de pensée, de parole et de
fait s'impose. Sans elle, la pratique de Râja
Yoga est dangereuse et peut conduire à la folie.
Comment peut-on espérer devenir Yogi si, tout
en pratiquant Râja Yoga, l'on mène une vie
impure ?

CHAPITRE VI

PRATYÂHÂRA ET DHÂRANÂ

L'étape suivante se nomme *Pratyâhâra*. En quoi consiste-t-elle ? Vous savez comment se produisent les perceptions. Elles sont transmises par les instruments externes aux organes internes qui agissent sur le corps par les centres cérébraux et frappent le cerveau. L'ensemble de ces phénomènes appliqué à un objet extérieur nous amène à percevoir cet objet. Mais la pensée étant l'esclave des habitudes, il est difficile de la faire porter, de la concentrer sur un organe unique.

Nous entendons dire et enseigner sur toute la surface de la terre : « soyez bons », et encore « soyez bons », et toujours « soyez bons ». Il n'y a guère d'enfant, où qu'il soit né, auquel on n'ait dit : « ne vole pas », « ne mens pas » ; mais per-

sonne ne dit à l'enfant comment faire pour éviter
de voler ou de mentir. En vertu de quoi ne de-
viendrait-il pas voleur? Nous ne lui enseignons
pas à ne pas voler, nous lui disons simplement:
« ne vole pas. » Eh bien, nous ne lui sommes véritablement secourables qu'en lui apprenant à
dominer sa pensée. Toute action, interne ou externe, naît de l'union de la pensée et de certains
centres, lesquels centres sont appelés organes.
Qu'elle le veuille ou non, la pensée est amenée à
se joindre aux centres, et c'est pourquoi les gens
commettent des actes absurdes et ressentent la
misère ; chose qui n'arriverait pas si leur pensée
était sous leur contrôle. Quel résultat obtien-
drait-on en dominant la pensée? On l'empêche-
rait de se joindre aux centres de perception,
et, conséquemment, le sentiment et la volonté
seraient naturellement sous contrôle. Jusqu'à
présent, la chose est claire. Est-elle possible?
Elle l'est assurément. Et en voici de nos
jours la preuve : les guérisseurs par la foi
apprennent à leurs adeptes à nier l'existence de
la misère, de la douleur et du mal. Leur philosophie est un peu vague, mais sur ce point ils
sont tombés d'accord avec le Yoga. Chaque fois
qu'ils réussissent à débarrasser un individu de
son mal en niant qu'il existe, ils ont réellement

enseigné une part de *Pratyâhâra*, puisqu'ils ont
su donner à la pensée de leur patient une force
assez grande pour qu'elle pût repousser le témoignage des sens. De même par la suggestion :
les hynoptiseurs amènent, pour un certain temps,
chez leur sujet, une sorte de *Pratyâhâra* morbide. Ce qu'on nomme suggestion hynoptique ne
peut agir que sur un corps malade et sur une intelligence obscurcie. L'opérateur ne peut jamais
suggestionner avant d'avoir réussi, par la fixité
de son regard, ou par tels autres moyens, à
mettre l'intelligence de son sujet dans un état
en quelque sorte passif et maladif.

La domination des centres obtenue pour un
temps par l'hynoptiseur ou par le guérisseur par
la foi est absolument coupable, car elle mène le
patient à une déchéance totale ; en ce cas, en
effet, les centres cérébraux ne sont pas dominés
par sa propre volonté, mais ils sont, en quelque
sorte, anéantis par les coups répétés que leur inflige une volonté étrangère. Et ce n'est pas ralentir
la course folle d'un fougueux attelage grâce aux
rênes et aux muscles, mais c'est bien plutôt demander à autrui de frapper des coups vigoureux
sur la tête des chevaux pour les étourdir et les
ramener ainsi, momentanément, à la douceur. Le
patient perd à chaque séance nouvelle un peu

de son énergie mentale, et sa pensée, au lieu
d'acquérir la parfaite domination d'elle-même,
perd sa forme, devient inerte, et le sujet finit
dans un asile d'aliénés.

Toute tentative de domination de la pensée qui
n'est pas volontairement entreprise par l'inté-
ressé n'est pas seulement désastreuse, mais elle
va à l'encontre de son but. Le but de toute âme
est la conquête de la liberté, de la maîtrise de
soi, c'est l'affranchissement de l'esclavage de la
matière et de la pensée, la domination de la nature extérieure et intérieure. Tout courant de
volonté venu d'autrui, et quelle que soit la forme
par laquelle il me parvienne, soit par la domination de mes organes, soit en me contraignant à
les dominer moi-même pendant que je suis sous
une influence morbide, loin de me mener vers ce
but, ne fait que river un chaînon de plus à la lourde
chaîne préexistante des pensées, des superstitions anciennes qui nous tiennent captifs. Soyez
donc circonspects dans la façon dont vous permettez à autrui d'agir sur vous. Prenez garde
de ne pas conduire, sans le savoir, autrui à sa
perte. Il est vrai qu'il est des personnes qui font
du bien à leurs patients pendant un certain temps,
en donnant un nouvel élément à leurs propen-
sions, mais, d'un autre côté, elles font du mal à

des millions d'êtres par les suggestions hypnoti-
ques inconscientes qu'elles éparpillent autour
d'elles en développant chez des hommes et chez
des femmes cet état d'hypnotisme morbide, passif, qui les laisse, en fin de compte, sans âme
ou à peu près. Celui, donc, qui demande à autrui
de croire aveuglément, ou qui entraîne l'humanité à sa suite par la domination qu'il exerce
grace à sa puissante volonté, fait œuvre mal-
saine, encore que ses intentions aient pu être
pures.

Servez-vous par conséquent de votre propre
intelligence ; dominez vous-même votre corps et
votre pensée ; souvenez-vous que, tant que vous
n'êtes pas malade, aucune volonté étrangère ne
peut s'imposer à vous ; détournez-vous enfin de
quiconque, quelle que soit sa volonté ou sa bonté,
vous demande de croire aveuglément. La terre
a été envahie de sectes composées de gens qui
dansent, qui sautent ou qui hurlent ; ces sectes
s'étendent à la façon des épidémies ; dès qu'elles
commencent à danser, à prêcher, à chanter, la
même rubrique leur convient. Elles exercent
pendant un certain temps une domination sin-
gulière sur les gens sensitifs, et finissent, hélas !
à la longue, par causer la dégénérescence de
toute une race. En vérité, mieux vaut pour l'in-

dividu ou pour la race demeurer dans l'erreur,
qu'être ainsi apparemment amélioré par telle
domination morbide étrangère ; le cœur souffre
à la pensée de tout le mal que, dans leur irres-
ponsabilité, font à l'humanité de semblables fa-
natiques religieux, tout animés qu'ils soient des
meilleures intentions. Ils ne se doutent pas que
les intelligences qui, sous l'empire de leurs
suggestions accompagnées de musiques et de
prières, ressentent soudainement l'élan religieux,
se condamnent tout simplement à l'esclavage, à
la maladie, à l'impuissance, et s'ouvrent à toutes
les suggestions possibles, fût-ce aux plus mauvaises. Ces pauvres êtres ignorants et trompés
ne se doutent guère que, tandis qu'ils se félici-
tent de leur aptitude à transformer les cœurs
humains (pouvoir qu'ils pensent tenir de quelque Être céleste), ils sont en train de semer la
déchéance prochaine, le crime, la folie et la
mort. Tenez-vous donc en garde contre tout
ce qui supprime votre liberté. Sachez que c'est
là un danger qui vous menace et faites tout
au monde pour vous en garder. Celui qui a
réussi à diriger sa pensée au gré de sa volonté,
soit qu'il la mette en rapport avec les centres,
soit qu'il l'en détache, a atteint au *Pratyâhâra*
dont le sens est : « qui rassemble vers » ; il est

maître des forces qui émanent de la pensée et libéré de l'esclavage des sens. Quand nous aurons conquis ce pouvoir nous serons véritablement une volonté; c'est alors seulement que nous aurons fait un grand pas vers la liberté; nous n'aurons été jusque-là que de simples machines.

Être maître de sa pensée! combien cela est difficile! On l'a comparé non sans raison à un singe fou. Il y avait une fois un singe, naturellement turbulent ainsi que tous les singes ont coutume de l'être. Mais, comme si ce n'eût suffi, quelqu'un s'avisa de le gorger de vin, ce qui le rendit plus agité encore. Et voici qu'un scorpion le mordit. Un homme mordu par un scorpion saute de-ci de-là, pendant tout un jour; vous comprendrez donc que le pauvre singe se trouva dans une situation pire que jamais. Pour comble de malheur, un démon pénétra en lui. Quels mots pourraient bien décrire l'agitation effrénée de ce singe? La pensée humaine est semblable à lui; sa nature même la fait constamment active; elle se grise du vin des désirs, et accroît ainsi sa turbulence. Puis, après que la pensée a été prise par le désir, voici la piqûre du scorpion, la jalousie de ceux dont les souhaits sont exaucés; enfin, le démon de la vanité s'em-

pare de la pensée et la convainc de sa grande
importance. Combien il est ardu de se rendre
maître d'une pensée pareille !

La première leçon consiste à s'asseoir pendant
quelque temps et à laisser courir la pensée. Elle
bouillonne sans cesse et ressemble à notre singe
qui se trémousse. Laissez sauter le singe tant
qu'il le pourra ; attendez simplement et observez.
Savoir, c'est pouvoir, dit le proverbe ; ce proverbe dit vrai. Tant que vous ignorez le travail
de la pensée, vous ne pouvez pas la dominer.
Rendez-lui complètement la main ; il se peut
qu'elle accueille les plus laides idées et vous serez
surpris d'avoir pu concevoir de semblables vile-
nies ; mais vous vous rendez compte que, chaque
jour, les divagations diminuent de nombre et de
violence, que la pensée s'apaise chaque jour.
Pendant les premiers mois, vous constaterez en
vous un millier de pensées ; plus tard vous n'en
trouverez plus que sept cents, et quelques mois
après le nombre en diminuera encore jusqu'à ce
que le mental soit parfaitement dominé. Pour en
arriver là il faut s'exercer journellement. Dès qu'on
a ouvert l'admission de la vapeur, une machine
se met en marche ; de même nous sommes tenus
de percevoir les objets qui sont à notre portée ;
aussi, pour prouver qu'il n'est pas une machine,

l'homme doit se montrer libre de toute domination. *Pratyâhâra* est le nom de cette maîtrise
de l'esprit qui lui donne l'indépendance de tous
les centres. Comment pratique-t-on *Pratyâhâra*?
C'est une tâche ardue qu'on ne saurait accomplir
en un jour. Le succès s'achète par des années
d'une lutte patiente et continue.

La deuxième leçon consiste en ceci : Lorsque
vous aurez pratiqué le *Pratyâhâra* pendant quelque temps, faites un pas de plus ; attaquez le
Dhârana, qui consiste à fixer la pensée sur certains points. Que signifie fixer la pensée sur certains points ? C'est la forcer à sentir certaines
parties du corps à l'exclusion des autres ; à essayer, par exemple, de ne sentir que sa main, à
l'exclusion de toutes les autres parties du corps.
Lorsque la *Chitta*, ou matière mentale, est con-
finée et concentrée en un certain endroit, on
appelle cet état *Dhârana*. Il y a plusieurs sortes
de *Dhârana* ; et quand on le pratique il est bon
de laisser un peu de jeu à l'imagination. Par
exemple, on peut contraindre le mental à ne
penser qu'à un certain point du cœur. Voilà qui
est très difficile ; mais si l'on se figure un lotus en
ce point du cœur, la chose devient plus aisée. Ce
lotus est baigné d'une lumière resplendissante.
Fixez-y votre esprit. Imaginez encore que le lotus

du cerveau est lumineux, ou pensez aux différents centres du *Sushumnâ* dont nous avons déjà
parlé.

Le Yogî doit toujours pratiquer. Il doit tâcher
de vivre seul ; la société distrait la pensée ; il ne
doit ni parler ni travailler trop, parce que parler
et travailler distraient la pensée. Après toute
une journée de dur labeur, il n'est pas possible
de dominer son esprit. Celui qui est décidé à se
conformer à ces prescriptions devient un Yogî.
La puissance du bien est telle que le moindre
qu'on en fasse est grandement récompensé. Cela
ne fera de mal à personne; ce sera favorable à
tous. Tout d'abord les nerfs s'apaiseront, le calme
viendra avec une vue plus exacte des choses. Le
tempérament et la santé s'amélioreront. Une
santé robuste et une voix harmonieuse, tels
seront les premiers indices de succès. Les défauts
de la voix seront corrigés; à ces premiers résultats
viendront bientôt s'en ajouter beaucoup d'autres.
Ceux qui travailleront consciencieusement con-
stateront chez eux bien d'autres phénomènes; il
leur arrivera d'entendre comme un son de cloche
lointaine qui grandira et puis ira diminuant. Parfois, ils verront flotter des petits points lumineux
qui deviendront de plus en plus grands. Quand
ces manifestations se produiront, c'est que l'on

scra en rapide progrès. Ceux qui veulent devenir
des Yogis et pratiquer assidûment doivent d'abord
prendre quelque peu soin de leur régime. Ceux
qui désirent faire de très rapides progrès se trouveront bien de se nourrir pendant quelques mois,
s'ils le peuvent, uniquement de lait et de céréales.
Mais ceux qui, tout en menant une vie normale
et occupée, ne veulent que pratiquer un peu, peuvent manger tout ce qui leur plaira, pourvu que
cela soit avec modération.

La diète stricte est indispensable si l'on veut
pratiquer avec ferveur et faire de rapides progrès.
L'organisme s'affinant de plus en plus, vous
constaterez au début que la moindre chose
suffira à vous faire perdre votre équilibre. Une
bouchée de nourriture de plus ou de moins vous
bouleversera, et cela jusqu'à ce que vous ayez
conquis la parfaite maîtrise; alors vous pourrez
manger tout comme vous l'entendrez. Pendant
vos premiers essais pour concentrer votre pensée, la chute d'une épingle vous fera l'effet de la
foudre traversant votre cerveau. Les organes
s'affinent et les perceptions aussi. Nous sommes
obligés de passer par ces stades, et tous ceux
qui persévèrent réussiront. Renoncez à discuter
ou à vous distraire de toute autre façon. Que
signifie le bavardage intellectuel en sa sèche-

resse ? Il ne réussit qu'à déséquilibrer l'esprit, à
le troubler. Il faut vraiment faire l'expérience
de toutes ces choses. Y parviendra-t-on en parlant ? Renoncez aux vaines conversations. Ne
lisez que les livres écrits par ceux qui ont atteint
à la réalisation.

Soyez comme l'huître perlière. Une jolie lé-
gende hindoue veut que, s'il pleut pendant la
marche ascendante de l'étoile Svâti et qu'une
goutte de pluie tombe dans une huître, cette
goutte devienne une perle. Les huîtres le savent,
aussi viennent-elles à la surface de l'eau quand
brille l'étoile, et attendent-elles pour happer la
précieuse goutte de pluie. Quand elle est tombée
dans sa coquille, vite l'huître se referme et plonge
au fond de la mer pour y transformer patiem-
ment cette goutte en une perle. Nous devrions
agir pareillement. Entendre d'abord, comprendre
ensuite, puis renonçant à toutes distractions, fer-
mer notre esprit aux influences extérieures, et
nous consacrer au développement de la vérité
intérieure. En nous attachant à une idée, tout
simplement parce qu'elle est neuve, quitte à
l'abandonner pour une plus neuve encore, nous
risquons fort de gaspiller notre énergie.

Fixez-vous une tâche ; accomplissez-la ; n'y
renoncez pas avant de l'avoir menée à bien.

Celui-là seul qui, avec une idée fixe, irait jusqu'à
la folie, verra la lumière. Ceux qui, de-ci de-là,
se contentent de ramasser des miettes, n'arrive-
ront jamais à rien. Ils surexcitent momentanément leurs nerfs et voilà tout. Ils deviendront
esclaves de la nature, et ne s'élèveront jamais
au-dessus de leurs sens. Ceux qui veulent sin-
cèrement devenir Yogîs doivent une fois pour
toutes renoncer à toucher vaguement un peu à
tout. Adoptez une idée. Faites de cette idée
votre vie; rêvez-en, pensez-y, vivez-en, impré-
gnez votre cerveau, votre corps, vos muscles, vos
nerfs, toutes les parties de votre corps de cette
idée, et négligez tout ce qui n'est pas elle. Telle
est la voie du succès; ainsi se forment les géants
de l'esprit. Les autres ne sont que des machines
à parler. Si nous voulons être bénis et faire
que les autres soient bénis, il nous faut aller
plus au fond des choses, et, dans ce but, ne pas
déranger la pensée, ne pas nous mêler aux gens
dont les idées sont troublantes. Vous savez tous
qu'il y a des gens, des endroits, des aliments
qui vous répugnent. Évitez-les. Et que ceux qui
veulent atteindre au sommet évitent toute société,
bonne ou mauvaise. Pratiquez avec ardeur. Que
vous viviez ou mourriez, qu'importe ? Plongez-
vous dans le labeur sans songer au résultat. Si

vous êtes assez courageux, six mois feront de
vous un parfait Yogi. Quant aux autres qui prennent un brin de ceci, un peu de tout, ils ne s'élèvent jamais. Prendre simplement une série de
leçons ne rime à rien. Pour ceux que *Tamas* enveloppe, les ignorants et les grossiers, dont la
pensée ne peut se fixer sur une idée et qui ré-
clament toujours de quoi les amuser, pour ceux-
là la religion et la philosophie ne sont que des
divertissements. Ils demandent à la religion de
les distraire; et ils prennent ce que la religion
leur offre de distractions. Ce sont là les incons-
tants qui ne persévèrent pas. Ils écoutent un orateur, trouvent très bien ce qu'il dit, puis ils
rentrent chez eux et n'y pensent plus. Il faut
pour réussir une immense persévérance, une volonté formidable. « Je veux boire l'océan. » « Les
montagnes s'écrouleront par ma volonté », voilà
ce que dit l'âme persévérante. Ayez cette énergie,
cette volonté-là, travaillez dur et vous atteindrez
le but.

CHAPITRE VII

DHYÂNA ET SAMÂDHI

Nous avons passé en revue les divers degrés du Râja Yoga, à l'exception des plus difficiles, des plus subtils qui traitent de l'entraînement à la concentration, but auquel Râja Yogâ nous conduira. Nous constatons, nous autres êtres humains, que toute notre science, dite rationnelle, est basée sur la connaissance ou conscience du monde extérieur. Je suis conscient de cette table, je suis conscient de votre présence, et ainsi de suite. C'est ainsi que je sais que vous êtes ici, que cette table est ici, et que les choses que je vois, que je sens, que j'entends sont ici; il y a pourtant une grande partie de mon existence dont je ne suis pas conscient : Je ne suis pas conscient des organes internes de mon corps, des différentes parties de mon cer-

6

veau, de mon cerveau lui-même. Personne n'est
conscient de ces choses.

Quand j'absorbe des aliments, c'est consciemment que je les absorbe ; je les assimile inconsciemment, de même que la transformation des
aliments en sang se fait inconsciemment, la subs-
tance apportée par le sang aux différentes parties
de mon individu leur arrive inconsciemment ;
et c'est pourtant moi qui fais tout cela ; il ne peut
pas y avoir vingt personnes dans un même corps.
Comment sais-je que c'est moi qui fais ce travail et personne autre ? On suggérera peut-être
qu'il ne m'appartient que de manger, d'assimiler
ma nourriture et que le soin de transformer mes
aliments en sang est confié à quelqu'un d'autre.
Mais cela est impossible, attendu qu'on peut prouver que presque tous les actes dont nous n'avons
pas conscience peuvent nous devenir conscients.
Il semble que le cœur batte en dehors de toute
volonté, et aucun de nous, ici présent, ne sait le
diriger ; il bat à son gré. Mais par la pratique on
peut se rendre maître de son cœur, le faire
battre selon sa fantaisie, vite ou lentement, ou
même l'arrêter presque complètement. On arrive à se rendre maître d'à peu près toutes les
parties du corps. Qu'est-ce que cela prouve ?
Cela prouve que ces choses dont nous n'avons

pas conscience sont notre œuvre aussi, mais une œuvre que nous accomplissons inconsciemment. La pensée humaine se manifeste sous deux formes. D'abord la forme consciente que comporte une action toujours empreinte d'un sentiment égoïste. Puis la forme inconsciente, de ce qui se passe à notre insu, sans aucun égoïsme de notre part. Le travail de l'intelligence où l'égoïsme a sa part est conscient; et celui d'où l'égoïsme est absent est le travail inconscient. Chez les animaux inférieurs le travail inconscient se nomme instinct; chez les animaux supérieurs, et chez l'animal supérieur à tous les autres, l'homme, le second travail, le travail égoïste domine, et prend le nom de travail conscient.

Mais ce n'est pas tout : Il est une forme supérieure sous laquelle la pensée peut se manifester; forme supérieure à la forme consciente. De même que le travail inconscient est au-dessous du travail conscient, il est un autre travail supérieur à ce dernier et qui, lui aussi, n'est pas égoïste ; le sentiment d'égoïsme ne se trouve qu'au niveau intermédiaire. Quand la pensée se trouve soit au-dessus soit au-dessous de ce niveau, le sentiment du moi disparaît, et cependant l'esprit travaille. La pensée qui dépasse le niveau de la conscience personnelle porte le nom de Samâdhi ou supra-

conscience. C'est un état supérieur à celui de la
conscience. Comment savons-nous qu'un homme
qui est dans l'état de *Samâdhi*, n'est pas tombé
dans un état pire que l'état conscient, qu'il ne
s'est pas abaissé au lieu de s'élever ? Dans les
deux cas, l'égoïsme est absent. Nous reconnais-
sons ce qui est en dessus et ce qui est en des-
sous, par les effets, par les résultats du travail.
L'homme qui dort profondément est à un niveau
inférieur au niveau de conscience. Son corps
fonctionne, il respire, il remue peut-être dans son
sommeil, sans aucun sentiment du « moi » ; il est
inconscient et, quand il s'éveille, il est tel qu'il
était avant de s'endormir. Le savoir qui était en
lui avant son sommeil est resté le même ; il ne
s'est accru en rien. Il n'a point eu de clartés nouvelles. Tandis que l'homme qui entre en *Samâdhi*, fût-il un imbécile auparavant, est un sage
quand il en sort.

D'où vient cette différence? D'une part, l'homme
entre dans un certain état et en sort tel qu'il
était en y entrant ; et dans l'autre, l'homme, au
sortir de cet état, est éclairé ; c'est un sage, un
prophète, un saint ; son caractère s'est transformé ; sa vie est changée, toute illuminée ; voilà
deux effets distincts. Puisqu'ils sont tels, les
causes doivent êtres distinctes aussi.

L'illumination de l'homme qui sort de *Samâdhi* est bien supérieure à celle qui peut naître de l'inconscience, bien supérieure aussi à celle que pourraient produire des argumentations, à l'état conscient. Il faut, par conséquent, qu'elle vienne de la supra-conscience et on donne à *Samâdhi* le nom de : état supra-conscient.

Telle est, en résumé, l'idée de *Samâdhi*. Quelle est son application? La voici : le champ de la raison ou des travaux conscients de l'esprit est petit. La raison humaine se meut dans un cercle étroit qu'elle ne peut pas franchir. Toute tentative dans ce but est vaine et c'est pourtant en dehors de ce cercle que se trouve tout ce que l'humanité a de plus cher. Y a-t-il une âme immortelle? Dieu existe-t-il? Une intelligence suprême dirige-t-elle l'univers? Toutes ces questions sont en dehors du domaine de la raison. La raison ne saurait y répondre. Que dit-elle? Elle dit : Je suis agnostique; je ne sais dire ni oui ni non. Et pourtant ces questions sont importantes pour nous! Et si l'on n'y répond pas comme il le faut, la vie humaine est impossible. Toutes nos théories éthiques, tous nos principes moraux, tout ce que la nature humaine contient de bon et de grand, sont la conséquence des réponses venues d'au delà les limites de ce cercle.

6.

Il est donc de toute importance que nous puissions répondre à ces questions; sans quoi la vie humaine deviendrait intolérable. Si la vie n'est qu'un petit rien du tout qui doit durer cinq minutes, si l'univers n'est qu'une combinaison fortuite d'atomes, pourquoi ferais-je du bien à mon prochain? Pourquoi la pitié, la justice, la solidarité existeraient-elles? la meilleure chose à faire en ce monde serait que l'on moissonnât, pendant que brille le soleil, chacun pour son propre compte. Si l'espoir n'est qu'un vain mot, pourquoi aimerais-je mon frère, au lieu de lui couper la gorge? Si rien n'existe au delà, s'il n'y a point de liberté, et si tout se réduit à des lois rigoureuses et mortes je ne devrais pas avoir d'autre but ici-bas que de jouir de la vie. Vous rencontrez de nos jours des gens qui vous diront qu'il fondent leur morale sur une base utilitaire. Quelle est cette base? Elle consiste à procurer le bonheur le plus grand au plus grand nombre d'individus possible. Pourquoi m'y appliquerais-je? Et pourquoi ne causerais-je pas le plus de malheur possible, au plus grand nombre de gens, si j'en dois tirer profit? Quelle réponse les utilitaires font-ils à cette question? Le désir d'être heureux m'anime et j'y cède; telle est ma nature, je ne connais rien au delà. Tels sont mes désirs, je les dois satisfaire ; de quoi vous plaignez-vous ? D'où viennent toutes ces vérités concernant la vie humaine, la morale, l'immortalité de l'âme, Dieu, l'amour et la sympathie, la bonté et, par-dessus tout, l'altruisme ?

Toutes les morales, toute action, toute pensée humaine, découlent de cette idée unique : le non-égoïsme ; la raison d'être de la vie humaine peut se résumer en ce seul mot « Altruisme ». Pourquoi ne serions-nous pas égoïstes? Par quelle nécessité, quelle force, quelle puissance, serais-je altruiste? Pourquoi serais-je ainsi ? Vous vous dites rationaliste, utilitaire ; si vous ne me dites pas pourquoi, je vous déclare irrationnel. Dites-moi la raison qui fait que je ne dois pas être égoïste, que je ne dois pas ressembler à la brute qui agit sans savoir pourquoi? Sans doute m'allez-vous donner un argument fort poétique, mais poésie n'est point raison. Allons, dites pourquoi? Pourquoi serai-je altruiste et bon? Parce que Monsieur ou Madame Un Tel en ont ainsi décrété? Mais leur décret n'existe pas pour moi. Quel avantage ai-je à être altruiste? Mon intérêt est bien d'être égoïste, si l'intérêt est synonyme de « la plus grande somme de bonheur possible ». Escroquer et voler autrui peut me procurer ce bonheur. Et qu'avez-vous à ré-

pondre à cela ? L'utilitaire n'a jamais rien à répondre. Sa réponse ? C'est que ce monde n'est
qu'une goutte d'eau dans un océan infini, un
anneau d'une chaîne sans fin. Où donc ont-ils pris
leur morale, ceux-là qui prêchèrent l'altruisme et
l'enseignèrent à l'humanité ? L'altruisme n'est pas
instinctif, nous le savons bien ; les animaux, qui
ont pourtant l'instinct, ne le connaissent pas.
Il n'est pas raisonnable non plus. Il n'a rien de
commun avec la raison. D'où cette morale est-
elle donc venue ?

L'histoire nous enseigne un fait, admis par
tous les grands apôtres religieux que le monde
a connus ; tous disent que leurs vérités leur sont
venues de l'au-delà ; seulement beaucoup d'entre
eux ne savaient pas ce qu'ils recevaient ainsi.
Par exemple, l'un dit qu'un ange lui est apparu
sous l'aspect d'un être humain, ayant des ailes,
et lui aurait dit : « Écoute, ô homme, tel est le
message. » Un autre dit avoir vu un deva, être
lumineux ; un autre dit qu'un de ses ancêtres
est venu, en rêve, lui faire part de cette morale.
Il ne sait rien de plus que cela. Mais tous ces
visionnaires ont ceci de commun qu'ils disent
avoir vu des anges, ou avoir entendu la voix de
Dieu, ou avoir eu des visions merveilleuses.

Tous affirment que ce qu'ils savent leur est

venu de l'au-delà et n'est point le résultat de
leur raisonnement. Qu'enseigne la science Yogâ?
Elle enseigne que ces hommes ont eu raison de
dire que leur savoir leur est venu d'un domaine
supérieur à la raison, mais elle ajoute que ce
domaine est en eux-mêmes.

Le Yogî enseigne que l'esprit lui-même a une
existence plus élevée, au-dessus de la raison,
une existence supra-consciente, et que, lorsque
l'homme y atteint, il entre en possession du savoir qui dépasse tout raisonnement, savoir métaphysique au delà de toute science physique.
Cet homme possède alors le savoir métaphysique
et transcendant; il se trouve ainsi dans un état
qui surpasse la raison, l'état normal de la nature
humaine, état qui peut parfois se manifester
chez un homme qui ne comprend pas ce savoir;
il semble, en quelque sorte, tomber par hasard
dans cet état. Alors il l'interprète généralemnt
comme lui venant de l'extérieur. Ceci explique
que l'inspiration, ou savoir transcendant, puisse
être semblable dans des pays différents dont
l'un croira à l'intervention d'un ange, l'autre
d'un deva, l'autre encore de Dieu. Qu'est-ce
que cela veut dire ? Cela veut dire que la pensée
a, par sa propre nature, créé le savoir, et que
la façon dont on a découvert ce savoir varie avec

les croyances et l'éducation des personnes qui
le détiennent. La vérité est que ces divers
individus tombent, pour ainsi dire, dans cet état
de supra-conscience.

Le Yogi dit qu'il est très dangereux de tomber
en cet état. Dans bien des cas, le cerveau risque
d'être détruit, et, en règle générale, vous constaterez que tous ceux, quelque grands qu'ils
aient été, qui sont tombés en cet état de supra-
conscience, sans le bien comprendre, marchent
dans les ténèbres et compliquent leur science
de quelque superstition bizarre. Ils deviennent
enclins à des hallucinations. Mahomet préten-
dait que l'ange Gabriel était venu un jour le
trouver dans une caverne, l'avait pris en croupe
sur Harak, le cheval divin, et lui avait fait visi-
ter les cieux. Et par ailleurs pourtant, Mahomet
proclama des vérités admirables. Si vous lisez
le Coran, vous y trouverez des vérités sublimes
à côté de semblables superstitions. Comment
l'expliquer ? Mahomet était inspiré, assurément,
mais il avait en quelque sorte succombé à l'inspiration. Il n'était pas un Yogi qui avait pratiqué
et qui savait le pourquoi de ce qu'il faisait. Pensez au bien que Mahomet a fait au monde, et
pensez à tout le mal que son fanatisme a pro-
druit ! Pensez aux millions d'êtres massacrés par

suite de ses enseignements, aux enfants enlevés à leur mères, à ceux que l'on fit orphelins, aux pays entiers détruits, aux millions et aux millions de gens tués !

L'étude de la vie de ces maîtres nous montre que le danger en question existait. Cependant, nous constatons en même temps qu'ils étaient inspirés. D'une manière ou d'une autre ils se plongeaient dans cet état de supra-conscience ; seulement chaque fois que le Prophète n'y parvenait que grâce à la simple force de l'émotion, et rien qu'en accroissant son émotivité naturelle, non seulement il mettait en lumière des vérités, mais il donnait aussi naissance à certain fanatisme ou à des superstitions qui engendraient autant de mal que l'élévation du reste de son enseignement pouvait faire de bien. Pour dégager quelque chose de raisonnable de ce bizarre chaos qu'est la vie humaine, il nous faut outrepasser notre raison, mais scientifiquement, lentement, par une pratique régulière, et renier toute superstition. Nous devons aborder ce travail comme nous nous attaquons à toute autre science, nous devons nous baser sur la raison et suivre son chemin aussi loin qu'il nous mène, et lorsque la raison viendra à nous manquer, elle nous montrera elle-même comment atteindre au ni-

veau supérieur. Aussi quand nous entendrons
un homme dire : « Je suis inspiré » et tenir ensuite d'absurdes propos, il nous faudra le repousser. Pourquoi ? Parce que les trois états de
l'esprit, instinct, raison et supra-conscience, ou
états inconscients, conscients et supra-conscients
sont le propre d'un seul et même esprit. Il n'y a
pas trois esprits différents en un même homme,
mais ils se fondent l'un dans l'autre. L'instinct
se transforme en raison, la raison se transforme
en conscience transcendante, et l'une ne contredit jamais l'autre ; c'est pourquoi je vous engage,
lorsque vous entendez des affirmations bizarres,
contraires à la raison et au bon sens, à les repousser sans crainte, parce que l'inspiration
véritable ne se contredit jamais, mais se confirme en toutes ses manifestations. De même que
le Grand Prophète dit : « Je ne viens pas pour
détruire, mais pour accomplir », de même l'inspiration confirme toujours ce que veut la raison,
est en directe harmonie avec elle ; chaque fois
donc qu'elle la contredira, vous serez sûrs que
ce ne sera pas là de l'inspiration.

Toutes les étapes de Yoga ont pour but de
nous amener scientifiquement à l'état supra-
conscient ou *Samâdhi*. De plus, et c'est là un
point capital qu'il faut comprendre, l'inspiration

existe dans la nature de tout homme, autant
qu'elle a existé dans celle des anciens prophètes.
Ces prophètes n'ont pas été des êtres à part ; ils
étaient absolument semblables à vous et à moi ;
c'étaient de grands Yogis. Ils n'étaient pas d'essence particulière. Le seul fait qu'un homme ait
pu atteindre à cet état prouve qu'il est possible
à tout homme d'en faire autant. Cela n'est pas
seulement possible, mais tout homme doit pouvoir éventuellement atteindre cet état; c'est la
religion même. L'expérience est notre seul enseignement. Nous pouvons, toute notre vie, parler et raisonner, sans parvenir à comprendre un
seul mot de vérité tant que nous n'aurons pas
connu cette vérité par nous-mêmes. Ce n'est pas
simplement en donnant à un homme quelques
livres que vous arriverez à faire de lui un chirur-
gien. Ce n'est pas en me montrant une carte
géographique que vous satisferez ma curiosité
de connaître tel ou tel pays; c'est ce pays lui-
même qu'il me faut voir. Les cartes ne peuvent
que faire naître en nous le désir d'en savoir plus
long; c'est là leur seule valeur. L'attachement
aux livres fait dégénérer la pensée humaine.
Existe-t-il un plus affreux blasphème que de dire
de tel ou tel livre qu'il contient tout le savoir de
Dieu ? Comment l'homme peut-il déclarer Dieu

7

infini, et vouloir cependant l'emprisonner entre
les plats d'un petit livre ? Des millions d'individus ont été tués pour n'avoir pas voulu croire
ce que disent les livres, pour n'avoir pas voulu
voir, entre les feuillets d'un livre, tout le savoir
de Dieu. L'ère de ces massacres est assurément
passée, mais le monde est encore terriblement
enchaîné par la croyance aux livres.

Pour atteindre scientifiquement à l'état supra-conscient il faut passer par les diverses
étapes que je vous ai enseignées dans le Râja
Yogâ. Après *Pratyâhâra* et *Dhârana* que je vous
ai expliqués dans la dernière leçon, vient *Dhyana*
ou méditation. Quand la pensée a été habituée à
rester fixée sur un certain point extérieur ou intérieur, elle acquiert la puissance d'affluer, en
quelque sorte, d'un flot continu, vers ce point.
Cet état se nomme *Dhyâna*. Lorsque ce pouvoir de *Dhyâna* en arrive à être assez intense
pour annihiler la perception extérieure et ne laisser subsister que la méditation sur la chose intérieure, on arrive à ce qu'on nomme *Sâmadhi*..
Les trois états : *Dhârana*, *Dhyâna*, et *Sâmadhi*
réunis prennent le nom de *Samyama*. Il faut que
la pensée se concentre d'abord sur un objet,
qu'elle puisse ensuite prolonger pendant un certain temps cet état de concentration; puis cette

concentration continuant, qu'elle ne s'arrête plus
que sur la partie intérieure de la perception dont
l'objet était l'effet; quand l'esprit en arrive là,
il domine tout.

Cet état méditatif est l'état le plus élevé de
l'existence. Tant que le désir subsiste il ne peut
y avoir de bonheur véritable. La joie et le bonheur vrais ne peuvent nous venir que de l'étude
contemplative des objets. L'animal puise son
bonheur dans ses sens, l'homme dans son intelligence, et le Dieu dans la contemplation spiri-
tuelle. Le monde n'apparaît vraiment dans toute
sa splendeur qu'à l'âme qui a atteint à cet état
de contemplation. Pour celui qui ne désire rien,
qui ne se mêle à rien, les innombrables trans-
formations de la nature constituent un merveilleux et sublime panorama.

On explique ces idées par *Dhyâna* ou méditation. Nous entendons un son. Voici d'abord la
vibration extérieure, puis le courant nerveux qui
transmet ce son à la pensée, ensuite la réaction
de la pensée par quoi jaillit la connaissance
de l'objet, cause extérieure de ces différentes
manifestations, depuis la vibration de l'air jusqu'à la réaction mentale. Yoga appelle ces trois
étapes; *Sabdha* (son), *Artha* (sens) et *Jnâna* (savoir). Le langage de la physiologie les nommerait:

vibration de l'air, transmission par les nerfs et
le cerveau et réaction mentale. Pourtant ces trois
phénomènes, bien que distincts, se confondent de
telle sorte qu'on ne les distingue plus. En fait,
nous ne pouvons à présent percevoir aucune de
ces trois causes ; nous ne connaissons que le résultat produit par leur réunion, résultat que nous
appelons objet extérieur. Tout acte de perception
comprend ces trois états distincts et il n'y a pas
de raison pour que nous ne puissions pas les distinguer les uns des autres.

Lorsque, à la suite d'un travail préparatoire,
l'esprit est devenu docile et fort, et qu'il s'est
ouvert aux perceptions subtiles, il convient de
tourner sa pensée vers la méditation. Il faut
commencer par méditer sur des objet. quelcon-
ques, puis élever sa méditation sur des objets
de plus en plus subtils, jusqu'à ce qu'elle devienne immatérielle. Il faudrait d'abord exercer
la pensée à percevoir les causes extérieures des
sensations, puis les mouvements intérieurs, enfin
la réaction de l'esprit. Quand la pensée sera capable de reconnaître séparément les causes extérieures des sensations, elle pourra percevoir
alors toutes les subtiles existences matérielles,
toutes les formes, tous les corps les plus délicats
Quand la pensée saura percevoir séparément

les mouvements internes, elle se sera rendue
maîtresse des ondes mentales, en elle-même et
chez les autres, avant même que ces ondes ne
se soient transformées en forces physiques ; et
lorsque le Yogi sera en état de percevoir la réaction mentale, séparément, il aura conquis la
connaissance de toutes choses puisque chaque
objet et chaque pensée sont le résultat de cette
réaction. Il aura vu alors, en quelque sorte, la
base même de son esprit, et il en aura la maîtrise parfaite. Le Yogi possédera différents
pouvoirs, et s'il cède à la tentation de l'un quelconque de ces pouvoirs, il se barrera la route du
progrès. Tel sera le châtiment que lui vaudra
la recherche des plaisirs. Mais s'il est assez
fort pour dédaigner jusqu'à sa miraculeuse puissance il atteindra au but du Yoga, à savoir :
la suppression totale des vagues dans l'océan
de la pensée ; alors l'âme glorieuse, dégagée
des distractions de la pensée ou des mouvements du corps, brillera dans toute sa splendeur. Et le Yogi se retrouvera être ce qu'il est,
ce qu'il a toujours été, l'essence du savoir,
l'immortel, l'omnipotent.

, Le *Samâdhi* est à la portée de tout être humain, que dis-je ? de tout animal même. A un
moment donné, chaque créature, depuis l'animal

le plus bas jusqu'à l'ange le plus haut, devra
atteindre cet état, et c'est alors, et alors seulement, que la religion commencera pour lui. En
attendant, que faisons-nous? Nous luttons pour
atteindre à cet état futur. Entre nous et ceux qui
n'ont pas de religion il n'y a pour l'instant aucune
différence, parce que l'expérience nous fait défaut.
Et à quoi sert la concentration, si ce n'est à nous
amener à cette expérience? Chacun des degrés qui
nous séparent du *Samâdhi* a été raisonné, cal-
culé, scientifiquement établi, et si l'on veut les
pratiquer fidèlement ils nous conduiront sans
faillir au but désiré. Alors cesseront tous les
chagrins, s'évanouiront toutes les misères; la
semence des actions sera brûlée et l'âme libérée
à jamais.

CHAPITRE VIII

RÉSUMÉ DE RÂJA YOGA

Ceci est un résumé de Râja Yoga librement traduit du Kurma Purâna.

Le feu de Yoga brûle la cage de péché qui entoure l'homme. Le savoir est purifié et le Nirvanâ est aussitôt atteint. Le savoir découle du Yoga et le savoir vient, de son côté, en aide au Yogî. Le Seigneur est content de celui qui est à la fois un mélange de Yoga et de Savoir. Ceux qui pratiquent *Mahâyoga* une fois, deux fois, trois fois par jour ou toujours, savent que le savoir et le Yoga sont des dieux. Le Yoga se divise en deux parties : l'une se nomme *Abhâva*, et l'autre *Mahâyoga*.

Abhâva, c'est la méditation sur soi-même considéré comme néant et privé de toute qualité. Le Yogî, par chacune de ces deux parties,

arrive à la pleine connaissance de son « Moi ».
La méditation où l'on voit son « Moi » rempli de
bénédiction, libre de toute impureté et ne fai-
sant qu'un avec Dieu, se nomme *Mahâyoga*.
Les autres Yogas que nous lisons et dont nous
entendons parler, ne valent pas une parcelle de
ce puissant Brahmayoga, dans lequel le Yogi,
et avec lui tout l'univers, se trouve comme Dieu
lui-même. C'est le plus grand de tous les Yogas.

Les étapes de Râja Yoga sont les suivantes :
*Yama, Niyama, Âsana, Prânâyâma, Pratyâhâra,
Dhârana, Dhyâna,* et *Samâdhi.* Ce que l'on
nomme *Yama* consiste à ne faire de tort à personne, à être véridique, à n'être pas envieux,
à être chaste, à ne recevoir aucun présent ;
tout cela purifie le mental, la *Chitta.* Ne faire
aucune peine, par la pensée, par la parole,
ou par l'acte, jamais, à aucun être vivant se
nomme *Ahimsa,* ou : ne pas faire de mal. Il
n'y a pas de vertu plus haute que celle-là. Il
n'y a pas de plus grand bonheur que celui de
l'homme qui arrive à cette bienveillante attitude envers toute la création. La vérité nous conduit au travail. La vérité nous mène à tout ;
tout est basé sur la vérité. Dire les faits tels
qu'ils sont : telle est la vérité. Ne pas prendre
le bien d'autrui par ruse ou par force se nomme

Asteyam, ou non-convoitise. *Brahmachârya*, c'est la chasteté de la pensée, de la parole, de l'acte, toujours et partout. Ne recevoir de cadeaux de qui que ce soit, même dans la plus terrible souffrance, se nomme *Aparigraha*. La théorie veut que l'homme qui reçoit un présent d'un autre homme, devienne impur de cœur; il s'abaisse, il perd son indépendance, il est lié, il est esclave. Ce qui suit aide à réussir dans l'étude du Yoga : *Niyama* ou les habitudes et les observances régulières, *Tapas* ou l'austérité, *Svâdhyâya* ou l'étude, Santosa ou le contentement, *Saucham* la pureté, *Îshvara* pranidhâna ou l'adoration de Dieu. Le jeûne et les autres procédés de domination du corps, constituent le *Tapas* physique.

Réciter les Vedas ou d'autres mantrams purifie la matière sattvique du corps et se nomme étude ou *Svâdhyâya*. Il y a trois façons de réciter les *Mantrams*. L'une est verbale, l'autre semi-verbale, et la troisième mentale. Celle qui est verbale et que l'on peut entendre est la moins belle ; la plus haute est celle qui est mentale et que l'on n'entend pas. La récitation verbale est celle qui est faite à voix assez haute pour que tout le monde puisse l'entendre ; dans la suivante les organes commencent seulement à vibrer ; mais on n'entend aucun son, un proche voisin

7.

ne peut distinguer ce qui se dit. La récitation
silencieuse, purement mentale de mantram, pendant laquelle le récitant pense au sens des mots
qu'il répète, se nomme « murmure mental » et
c'est la plus élevée de toutes. Les sages ont dit
qu'il y avait deux espèces de purification, l'une
intérieure, l'autre extérieure. La purification du
corps se fait par l'eau, par la terre ou par d'autres
matières ; c'est la purification extérieure, celle
que procurent les bains. La purification de l'âme
par la vérité et par toutes les autres vertus est ce
qu'on nomme la purification intérieure. Ces deux
purifications sont nécessaires. Il ne suffit pas
que l'homme ait l'âme pure s'il a le corps sale.
Lorsqu'on ne peut pas avoir les deux propretés,
celle de l'âme est préférable à l'autre, mais nul
ne deviendra un Yogi s'il n'est à la fois pur de
corps et d'esprit.

L'adoration se fait par la louange, par la mémoire, par la dévotion à Dieu. Nous avons parlé
de *Yama* et de *Niyama;* ensuite vient *Prânâyâma.*
Prâna représente les forces vitales de son propre
corps, et *Yama*, c'est la domination de ces forces.
Il y a trois sortes de *Prânâyâma* : le très simple, le
moyen, le supérieur. Le *Prânâyâma* tout entier
se divise en deux parties : l'une consiste à remplir, l'autre à vider. En d'autres termes à ins-

pirer et à expirer. Lorqu'on débute par un exercice de douze secondes, c'est le *Prânâyâma* le
plus faible; le *Prânâyâma* moyen comporte un
exercice de vingt-quatre secondes. Le meilleur
Prânâyâma est celui qui débute par un exercice
de trente-six secondes. Le *Prânâyâma* supérieur à tous les autres est celui dans lequel on
commence par transpirer, puis où l'on tremble
de tout son corps pour se soulever de son siège
et sentir son âme baignée d'une grande béati-
tude. Il y a un Mantram appelé *Gâyatris*; c'est un
verset très saint des Vedas: « Nous méditons
sur la gloire de l'Être qui a créé l'univers;
qu'il daigne éclairer notre esprit. » Puis on
joint le mot « Om » au début et à la fin. Dans un
Prânâyâma il faut réciter trois *Gâyatris*. Tous
les livres disent que *Prânâyâma* est divisé en
Rechaka (rejeter l'air ou exhaler); *Pûraka* (in-
haler) et *Kumbhaka* (retenir le souffle, rester
sans inspirer ni expirer). Les *Indriyas* ou organes
des sens agissent extérieurement et sont en contact avec les objets externes. Le *Pratyâhâra*
consiste à les mettre sous la domination de la
volonté. La traduction littérale de ce mot est :
« rassembler par devers soi ».

On appelle *Dhâranâ* l'action qui consiste à
fixer la pensée sur le lotus du cœur ou sur le

centre de la tête. *Dhyâna* ou méditation consiste à
rester en un même endroit, à ne pas bouger d'une
place déterminée, jusqu'à ce que les vagues de
l'âme se soulèvent, sans subir le contact d'autres
vagues, qui, elles, seront toutes immobiles, pour
qu'une de ces vagues gagne l'esprit. Lorsqu'aucune base n'est nécessaire, lorsque l'esprit tout
entier est devenu une seule vague, une chose sans
forme, l'état dans lequel on se trouve porte le
nom de *Samâdhi*. Privée de tout secours quant
à la place ou au centre, seule, la signification de
la chose est présente. Si la pensée peut se fixer
pendant douze secondes sur un centre, on aura
accompli un *Dhârâ*; douze de ces *Dhârâs*
forment un *Dhyâna* et douze *Dhyânas* constituent un *Samâdhi*. L'étape suivante se nomme
Âsana (posture). Le seul point à observer est de
tenir le corps vertical et libre, la poitrine, les
épaules et la tête formant une ligne droite. Il ne
faut pas s'exercer au Yoga quand on est près du
feu, dans l'eau, sur un sol jonché de feuilles
sèches, là où il y a des animaux sauvages, à un
carrefour de quatre chemins; non plus que là où
il y a trop de bruit, ou de la peur, ou trop de
fourmilières, ni parmi trop de gens mauvais. Ceci
s'applique plus spécialement aux Indes. Ne pratiquez pas quand vous sentez votre corps très pa-

resseux, ni quand votre âme est chagrine ou déso-
lée, ni quand vous êtes souffrant. Retirez-vous en
un endroit caché où les tiers ne viendront pas
vous déranger. Le seul fait de vouloir passer ina-
perçu auprès d'eux éveille toute leur curiosité;
si par contre vous voulez, dans la rue, attirer
l'attention des gens, ils ne prendront pas garde
à vous. Ne choisissez pas non plus les endroits malpropres; mais plutôt quelque beau
site ou une belle chambre dans votre propre
maison. Avant de pratiquer, rendez d'abord hom-
mage à tous les anciens Yogîs, à votre propre
Gourou, à Dieu, et commencez ensuite.

On parle de *Dhyâna* et l'on donne quelques
exemples des sujets sur lesquels il convient de
méditer. Asseyez-vous bien droit et regardez le
bout de votre nez. Nous saurons plus tard comment cela amène la concentration de la pensée,
comment la maîtrise des deux nerfs optiques
fait faire un grand pas vers la domination de
l'arc de réaction, et par suite vers la domination
de la volonté. Voici quelques thèmes de méditation : Imaginez un lotus placé à quelques centi-
mètres du sommet de la tête, avec, pour centre,
la vertu, et pour tige, le savoir. Les huit pétales
du lotus sont les huit pouvoirs du Yogî. A
l'intérieur, les étamines et les pistils sont l'image

du renoncement. Si le Yogi renonce aux pouvoirs extérieurs il sera sauvé. Ainsi donc les
huit pétales du lotus sont les huit pouvoirs, mais
les étamines et les pistils représentent le renoncement absolu, le renoncement à tous les pouvoirs extérieurs. Figurez-vous qu'à l'intérieur
du lotus, se trouve l'Être d'or, le Tout-Puissant,
l'Intangible, celui dont le nom est *Om*, l'Inex-
primable, tout baigné d'une lumière éclatante.
Méditez là-dessus. Voici un autre sujet de méditation : imaginez un coin de votre cœur ; au
centre de ce coin, croyez voir une flamme qui
brûle. Pensez que cette flamme est votre propre
âme et qu'il est en cette flamme un autre point
resplendissant, c'est l'âme de votre âme, Dieu.
Méditez sur ceci en votre cœur.

Être chaste, ne faire de mal à personne, par-
donner à tous, même à ses plus grands ennemis,
dire toujours la vérité, avoir foi dans le Seigneur, ce sont là autant de divers *Vrittis*. Si
vous ne possédez pas toutes ces qualités jusqu'à la perfection, ne vous en effrayez pas, travaillez, et ce qui vous manque vous viendra.
Celui qui a renoncé à tout attachement, à toute
crainte, à toute colère, celui dont l'âme entière
appartient au Seigneur, celui qui s'est réfugié
auprès de Lui et dont le cœur est purifié, celui-

là peut s'approcher du Seigneur et quelque désir
qu'il nourrisse le verra satisfait. Adorez·donc le
Seigneur, de tout votre savoir, adorez-le de tout
votre amour ou de votre entier renoncement.

« Il est mon adorateur bien-aimé, il est mon
Bhakta bien-aimé ; il n'est jaloux d'aucun être
au monde ; il est l'ami de tous ; il est celui qui
ne possède rien à lui, celui qui n'a point d'égoïsme ;
celui qui est toujours satisfait ; celui qui travaille
toujours en Yoga, qui a su maîtriser son moi,
dont la volonté est inébranlable, dont la pensée
et l'intelligence me sont consacrées ; sachez
qu'il est lui, mon Bhakta bien-aimé. Jamais il
n'est la cause d'un trouble et n'en cause jamais
non plus aux autres. Il a renoncé à la joie
excessive, au chagrin, à la peur et à l'anxiété.
Tel est mon bien-aimé. Celui qui est indépen-
dant, pur, actif, qui a renoncé à tout, qui
est indifférent au bien comme au mal qui
lui puisse advenir, celui-là n'est jamais malheureux ; celui qui reste pareil devant la louange
ou devant le blâme, dont la pensée est silencieuse, songeuse ; celui qui est satisfait du peu
qu'il rencontre sur sa route, celui qui est sans
toit, car celui qui n'a pas de maison est chez lui
partout, celui qui reste fidèle à ses idées, celui
qui est ainsi, devient un Yogi. »

Il existait autrefois un grand sage nommé
Nârada. De même qu'il y a des sages, de grands
Yogis parmi les hommes, de même il y a de
grands Yogis parmi les dieux. Nârada était un
bon et un très grand Yogi. Il voyagea partout et,
comme un jour il traversait une forêt, il vit un
homme qui méditait depuis si longtemps que les
fourmis blanches avaient eu le temps de construire un grand monticule autour de lui. Il dit
à Nârada : « Où vas-tu ? » Nârada répondit : « Je
vais au ciel. — Alors demande à Dieu, quand
viendra le jour où il aura pitié de moi, où j'au-
rai atteint à la libération. » Plus loin, Nârada vit
un autre homme. Il sautait, chantait, dansait et
il dit : « O Nârada, où vas-tu ? » Sa voix et ses
gestes étaient sauvages. Nârada répondit : « Je vais
au ciel. — Alors demande quand viendra le jour
où je serai libéré. » Et Nârada, poursuivit sa route.
Quelque temps après, il repassa par le même chemin et il revit l'homme qui avait tant médité que
les fourmis avaient eu le loisir de construire leur
nid autour de lui. Il dit : « O Nârada, as-tu de-
mandé au Seigneur ce qu'il adviendra de moi ?
— Oui, certes — Eh bien, qu'a-t-il répondu ? —
Que tu conquerrais la liberté après quatre nouvelles naissances. »
Alors l'homme se mit à pleurer et à gémir, et

dit : « J'ai si longtemps médité qu'une fourmi-
lière s'est élevée autour de moi et pourtant il me
faut encore quatre naissances ! » Nârada s'avança
vers l'autre individu : « As-tu posé ma question ?
— Sans doute — Eh bien ? — Vois-tu ce tama-
rinier? Le Seigneur a répondu que tu naîtras
autant de fois qu'il y a de feuilles à cet arbre et
tu gagneras ensuite ta liberté ! »

Alors l'homme se mit à danser de joie et
s'écria : « Il me suffira donc de si peu de temps
pour devenir libre ! » Une voix se fit entendre alors
et dit : « Mon enfant, tu seras libre à l'instant
même. » Telle fut la récompense de sa persévérance. Il était prêt à traverser toutes ces naissances nouvelles et rien ne le décourageait, tandis que le premier trouvait que c'était trop long
d'attendre quatre nouvelles naissances. La persévérance pareille à celle de cet homme qui était
prêt à attendre pendant des œons, peut seule
conduire au résultat le plus élevé.

TABLE DES MATIÈRES

RENSEIGNEMENTS

La Société Théosophique se compose d'étudiants appartenant, ou non, à l'une quelconque des religions ayant cours dans le monde. Tous ses membres ont approuvé, en y entrant, les trois buts qui font son objet; tous sont unis, par le même désir de supprimer les haines de religion, de grouper les hommes de bonne volonté, quelles que soient leurs opinions, d'étudier les vérités enfouies dans l'obscurité des dogmes, et de faire part du résultat de leurs recherches à tous ceux que ces questions peuvent intéresser. Leur solidarité n'est pas le fruit d'une croyance aveugle, mais d'une commune aspiration vers la vérité qu'ils considèrent, non comme un dogme imposé par l'autorité, mais comme la récompense de l'effort, de la pureté de la vie et du dévouement à un haut idéal. Ils pensent que la foi doit naître de l'étude ou de l'intuition, qu'elle doit s'appuyer sur la raison et non sur la parole de qui que ce soit.

Ils étendent la tolérance à tous, même aux intolérants, estimant que cette vertu est une chose que l'on doit à chacun et non un privilège que l'on peut accorder au petit nombre. Ils ne veulent point punir l'ignorance, mais la détruire. Ils considèrent les religions diverses comme des expressions incomplètes de la Divine Sagesse et, au lieu de les condamner, ils les étudient.

La Théosophie peut être définie comme l'ensemble des vérités qui forment la base de toutes les religions. Elle prouve que nulle de ces vérités ne peut être revendiquée comme propriété exclusive d'une Église. Elle offre une philosophie qui rend la vie compréhensible et démontre que la justice et l'amour guident l'évolution du monde. Elle envisage la mort à son véritable point de vue, comme un incident périodique dans une existence sans fin et présente ainsi la vie sous un aspect éminemment grandiose. Elle vient, en réalité, rendre au monde l'antique science perdue, la *Science de l'Âme*, et apprend à l'homme que l'âme, c'est lui-même, tandis que le mental et le corps physique ne sont que ses instruments et ses serviteurs. Elle éclaire les Écritures sacrées de toutes les religions, en révèle le sens caché et les justifie aux yeux de la raison comme à ceux de l'intuition.

Tous les membres de la Société Théosophique étudient ces vérités, et ceux d'entre eux qui veulent devenir Théosophes au sens véritable du mot, s'efforcent de les vivre.

Toute personne désireuse d'acquérir le savoir, de pratiquer la tolérance et d'atteindre à un haut idéal, est accueillie avec joie comme membre de la Société Théosophique.

SIÈGE DE LA SOCIÉTÉ THÉOSOPHIQUE

DE FRANCE

59, avenue de La Bourdonnais, Paris.

Buts de la Société.

1° Former un noyau de fraternité dans l'humanité, sans distinction de sexe, de race, de rang ou de croyance.

2° Encourager l'étude des religions comparées, de la philosophie et de la science.

3° Étudier les lois inexpliquées de la nature et les pouvoirs latents dans l'homme.

L'adhésion au premier de ces buts est seule exigée de ceux qui veulent faire partie de la Société.

Pour tous renseignements s'adresser, selon le pays où l'on réside, à l'un ou l'autre des Secrétaires généraux des Sociétés nationales diverses dont voici les adresses :

France : 59, avenue de la Bourdonnais, Paris, 7°.
Angleterre : 106, New Bond street, Londres, W.
Pays-Bas : 80, Amsteldjik, Amsterdam.
Italie : 1, Corso Dogali, Gênes.
Scandinavie : 7, Engelbrechtsgatan, Stockholm.
Indes : Theosophical Society, Benarès, N. W. P.
Australie : 132, Phillip street, Sydney. N. S. W.
Nouvelle-Zélande : 351, Queen Street, Auckland.
Allemagne : 17, Motzstrasse, Berlin, W.
États-Unis : 103, State, Street, Chicago.

Amérique centrale : Apartado 365, La Havane, Cuba.
Hongrie : Rokk Szilard Ut. 39, Budapest.
Finlande : Pekka Ervast, Agelby.
Russie : Kabinetskaya, 7, Saint-Pétersbourg.
Bohême : Van Bedrnick-Chlumsky, Prague.
Afrique du Sud : P. O. Box 644. Pretoria, Transvaal.
Écosse : 130 Georges Street, Édimbourg.

Agents présidentiels.

Pour l'Espagne : M. J. Xifré, 4, rue Aumont-Thiéville, Paris, XVIII˚.
Pour l'Amérique au Sud : M. F. Fernandès, 2927, Calle Cordoba, Buenos-Ayres.

ETUDE GRADUÉE

de l'Enseignement Théosophique

EXTRAIT DU CATALOGUE

Ouvrages élémentaires.

Ouvrages d'instruction générale.

Ouvrages d'instruction spéciale.

PUBLICATIONS THÉOSOPHIQUES

10, *rue Saint-Lazare, Paris.*

CONFÉRENCES ET COURS

SALLE DE LECTURE — BIBLIOTHÈQUE — RÉUNION

Au Siège de la Société : 59, avenue de la Bourdonnais.
Le Siège de la Société est ouvert tous les jours de la semaine de 3 à 6 heures. Prière de s'y adresser pour tous renseignements.

2626. — Tours, Imprimerie E. ARRAULT et Cie.

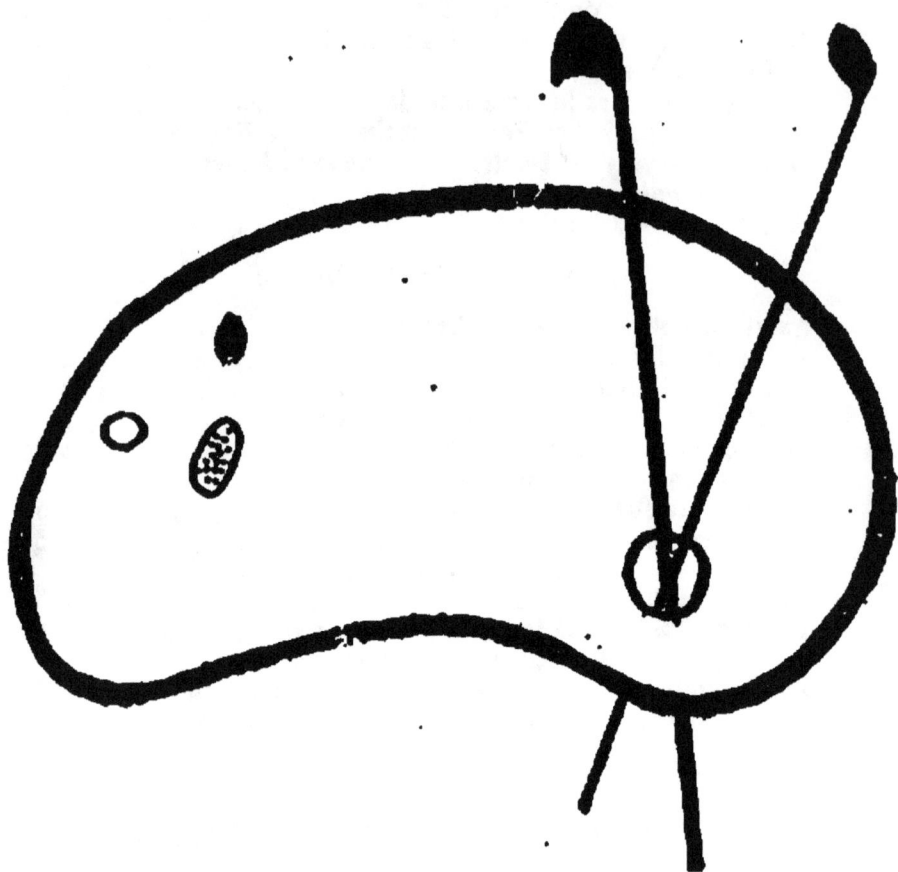

ORIGINAL EN COULEUR
NF Z 43-120-8

www.ingramcontent.com/pod-product-compliance
Lightning Source LLC
Chambersburg PA
CBHW060804110426
42739CB00032BA/2703